2020年

民法主观题

孟献贵——编著

冲刺版❶

专题讲座

2020年国家统一法律职业资格考试

图书在版编目(CIP)数据

主观题民法专题讲座 : 冲刺版 / 孟献贵编著. -北京 : 中国石化出版社, 2020.9

ISBN 978-7-5114-5937-4

Ⅰ. ①主… Ⅱ. ①孟… Ⅲ. ①民法-中国-资格考试-自学参考资料 Ⅳ. ①D923

中国版本图书馆 CIP 数据核字(2020)第170611号

中国石化出版社出版发行

地址:北京市东城区安定门外大街58号

邮编:100011 电话:(010)57512500

发行部电话:(010)57512575

http://www.sinopec-press.com

E-mail:press@sinopec.com

大厂回族自治县彩虹印刷有限公司印刷

全国各地新华书店经销

*

787×1092毫米 16开本 8印张 195千字

2020年10月第1版 2020年10月第1次印刷

定价:68.00元

前言 FOREWORD

法考主观题，我该如何备考???

长久以来，我一直在思考一个问题：为何考过了客观题（甚至高分考过）的考生，面对主观题就变得手足无措、无比慌张？

在外部因素（培训市场）暂时不能提供完美的解决方案保证绝对通关的前提下，考生（特别是二战主观题的考生）唯一的选择貌似只有司法部官方案例指导用书。

考生自己看完后也能发现书中有错，且对训练所谓的“法学思维”、“法言法语”的帮助亦不大。

那到底该如何备考主观题呢？

我谈如下几点，仅供各位考生参考：

一、心态

对于心态问题，特别是二战主观题的考生，往往会出现两个极端心态：

1. 内心极度惶恐、不安、焦虑，担心今年又过不了，明年从头再来。

有这样的心态实属正常，是个正常人都会有这种顾虑。但是，走到极端的状态大可不必。放下内心的包袱，直面新的征途，踏踏实实、一步一个脚印地学习知识点，特别是《民法典》的颁布，有很多重大制度修改和新增制度，你并不熟悉，反而去年的知识储备还可能会干扰你理解问题。释怀过去，拥抱未来才是明智的选择。

2. 过于自信的过失。

去年的主观题的成绩会给很多人“假象”，感觉自己牛气的不得了。其实，我就是差1分、2分、3分而已，今年稍稍努力一丢丢就过啦。

有这样的心态，在老孟看来比第一种要更恐怖、更让老孟担心。自信是好事儿，但过于自信，貌似又走到了另一个极端。这样的考生，随便问一个小问题，其实都不会，甚至会一本正经的胡说八道。俗话说：“基础不牢，地动山摇。”貌似就是给有这一类心态的考生精心准备的。有时还会大言不惭地给旁边的考生讲知识，拜托，你自己都不会，好吗？

二、方法

从知识层面，主观题的考试并不是在客观题内容之外，又单独学习了什么新的知识。而是，在原有的知识体系中，加入了更多的实践（实务）因素，考试内容更接近于司法实务。一个活生生的真实案例摆在考生面前，从民法、商法、民事诉讼法的角度综合分析。

结论本身并不是重点，重点在于论证的过程。运用法言法语，论证自己的结论的能力是需要精心培养的。

多动脑、勤思考、多动笔、多做题。这 12 个字如何理解？

（一）多动脑

客观题阶段，已经习惯有标准答案的你，多多少少因为刷题而记住了答案本身。但是，对于结论是怎么得出来的，貌似从未独立思考过。司法部标准答案是什么，我记住就好啦，客观题就过关啦。

主观题阶段，结论本身并不重要，即使你和旁边的同学得出了完全相反的结论，都无所谓，你们都是对的。问题的关键在于，你为什么得出这个结论？你得解释法理和法律依据呀，而不是你一本正经胡说八道的。

（二）勤思考

主观题阶段，很多问题是多角度分析的，从 A 角度看，结论是这样的；从 B 角度看，结论又是那样的。因此，正如从司法部官方案例指导用书上呈现的，存在答案一和答案二这样的开放性试题。这样再一次验证了咱们的结论：结论本身并不重要，重要的是论证过程。

因此，在主观题轮学习的过程中，要勤思考，如果这样怎么办？如果那样又怎么办？

这一点和客观题轮的备考思路完全不同。

（三）多动笔

主观题阶段的备考，正像客观题阶段的备考一样。大部分考生总是在“舒适区”游弋。整天看书、听课、死记硬背，更有甚者试图背诵司法部官方案例指导用书中的内容过关。真乃异想天开也……

只要你大胆地走出“舒适区”，进入“痛苦区”，也就是动笔做题，你就会深刻地感受到什么叫：过于自信的过失。一看就会、一听就懂、一做就懵。

为何？

看书、听课多舒服呀，显得自己多努力呀。

做题、动笔多痛苦呀，显得自己多蠢笨呀。

如果你过不去这个坎，我估计你也很难过法考。明年从头再来，貌似是你的唯一归宿。

听人劝、吃饱饭。凡是大部分人不愿意做的，你做了，你就成功啦。

（四）多做题

有人会问：老孟，主观题做什么题？

我认为，主观题做题分两个层次：

1. 小案例练习。

通过每天一道小案例，积累答题感觉。我在新浪微博（账号：民商法孟献贵）中每天发布一个［萌主民法主观题训练营］来带领大家做题。目前，已经到了第 261 天。本月底结束。

2. 大案例练习。

大案例包括两个层面的安排：

（1）2012 年至 2019 年司法部主观题

近 8 年的司法部主观题考试原题，当然是最重要的复习备考资料。俗话说：做历年真题就是做未来的考题。司法部的题目务必要做3遍以上。哪怕把答案每天用笔抄写，都是极好的。

（2）60道最高人民法院公报案例

从10月份开始，我会带领大家开始练习大案例。60道最高人民法院公报案例，足以让我们看到真实案例是什么样子的。把所学的知识，运用到真实案例中，模拟考场上的真实感觉。

三、法条

主观题的考生，对于法条的疏忽，已经达到了令人发指的地步。法言法语不会写，每天牢骚满腹。我请问你，难道法条原文，不就是最标准的法言法语么？

关于《民法典》（共7编1260个条款）的学习，我在新浪微博（账号：民商法孟献贵）中为备考主观题的考生专门开设了［跟着萌主学习《中国民法典》］栏目。

通过法条填空的方式，将关键词体现出来。其中，关键词就是我们俗称的“采分点”。把法条中的“关键词”记住了，“采分点”也就会写啦。

无论你是一战考生，还是二战考生。

能够拿到证书，关键一役肯定是主观题阶段而不是客观题阶段。

凡是别人不愿意做的，你做啦，你法考必过!!!

请保持绝对的信任!!!

你我是一条船上的人，一荣俱荣、一损俱损!!!

老孟时刻在你身边……

我热爱着我的工作……

我热爱着我的学生……

成功的路上从不拥挤，因为坚持的人不多!!!

祝大家备考顺利，2020法考必过!!!

孟献贵

2020年9月

于北京

目 录
CONTENTS

第一模块

商事主体的利益相关人理论

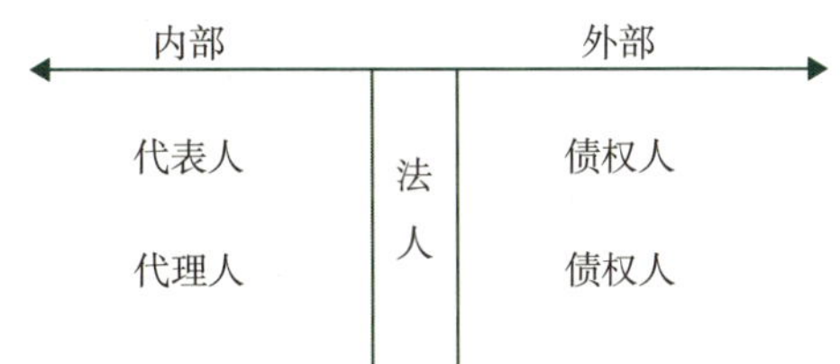

［图释］法人是市场经济主体中的典型组织形式，系依法设立的组织体，需要通过特定自然人来表达其团体意思，而该自然人同时也是独立的法律主体。在此情况下，确定该自然人的行为是其自身的行为（非职务行为）还是法人的行为（职务行为）就至关重要。

一、法定代表人

（一）法定代表人的基础理论

【请求权基础】

《民法典》第61条【法定代表人】依照法律或者法人章程的规定，代表法人从事民事活动的负责人，为法人的法定代表人。

法定代表人以法人名义从事的民事活动，其法律后果由法人承受。

法人章程或者法人权力机构对法定代表人代表权的限制，不得对抗善意相对人。

［解读］法定代表人是法人的法定机关，其代表权来源于法律或章程的明确规定，无须另行授权（无须单独的授权委托书），就可以一般性地代表公司从事民事活动。即便超越权限对外从事民事活动，也仅是越权代表，并非无权代表。

对法定代表人代表权的限制包括两类：

1. 意定限制，包括公司章程对代表权事项所作的一般性限制，以及股东会、股东大会等公司权力机构对代表权所作的个别限制。

意定限制来源于组织体内部，其效力具有相对性，不能对抗善意相对人。善意，是指债权人不知道或者不应当知道法定代表人超越权限订立合同。

2. 法定限制，即法律对代表权所作的限制。根据《公司法》第16条第2款、第37条的规定，涉及公司为其股东或实际控制人提供担保，公司增减资本，发行债券，合并、分立、解散、清算或变更公司组织形式等事项，应当由股东（大）会决议。此外，根据《公司法》第16条第1款、第148条第（三）项，公司向其他企业投资或为他人提供担保，董事、高管人员将公司资金拆借给他人或以公司财产为他人提供担保，均须经董事会或股东（大）会的同意。

法定限制的事项属于法律的明确规定，法律一经公布，推定所有人都应当知晓并遵守，相对人负有形式审查法定代表人是否取得公司机关决议的义务，如相对人无证据证明其履行了该项审查义务后并发现存在越权情形，则推定相对人并非善意。

《民法典》第62条【法定代表人职务侵权的责任承担】法定代表人因执行职务造成他人损害的，由法人承担民事责任。

法人承担民事责任后，依照法律或者法人章程的规定，可以向有过错的法定代表人追偿。

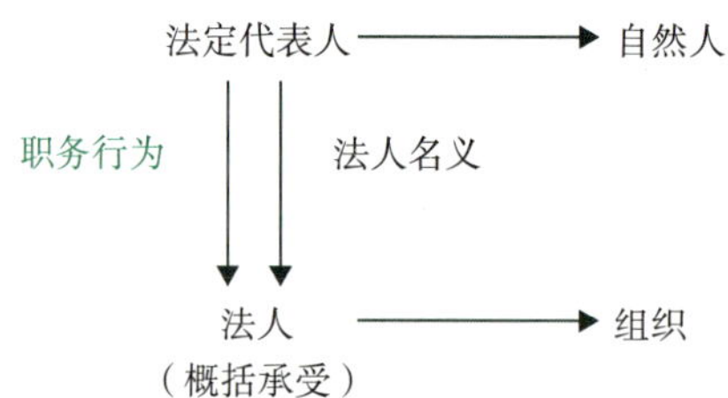

【解题思路】

第一步：判断行为人系代表人（董事长、执行董事、总经理[①]）还是代理人（董事、监事、法务、部门经理等）；

第二步：代表人的行为系职务行为（法人承受）还是非职务行为/个人行为（自己承担）；

第三步：新法定代表人能否否定旧法定代表人的行为应具体问题具体分析。

【主观工坊】孟某系天津众森实业股份有限公司（以下简称众森公司）的董事长，为了筹措公司运营资金殚精竭虑，最后找到自己的博士同学徐某借款2000万元，徐某称只信任孟某本人，于是孟某以个人名义与徐某签订了一份借款合同，载明借期一年，没有明确写明利息事项。新川面馆老板曹某在借款合同书上以保证人身份签字，孟某拿到欠款后转汇给公司财务账户。借款到期后，孟某无力还款。请问：

1. 曹某是一般保证人还是连带责任保证人？为什么？

2. 徐某可否请求孟某和众森公司承担连带责任？为什么？

答：1. 一般保证人（1分）。因为曹某在借款合同上以保证人身份签字，保证合同成立（“保证合同成立”系采分点，1分）。但是，当事人在保证合同中对保证方式没有约定（“没有约定”系采分点，1分）的，按照一般保证承担保证责任。

法律依据：《民法典》第686条。

2. 可以（1分）。因为孟某作为众森公司的董事长，系法定代表人（“法定代表人”系采分点，1分），以个人名义（“个人名义”系采分点，1分）与出借人徐某签订民间借贷合同（“民间借贷合同”系采分点，1分），所借款项用于企业生产经营（“用于经营”

---

① 《公司法》第13条：公司法定代表人依照公司章程的规定，由董事长、执行董事或者经理担任，并依法登记。公司法定代表人变更，应当办理变更登记。

系采分点，1 分）。因此，徐某可以请求孟某和众森公司承担连带责任。

（二）表见代表制度

【请求权基础】

《民法典》第 64 条【法人的变更登记】法人存续期间登记事项发生变化的，应当依法向登记机关申请变更登记。

《民法典》第 65 条【登记对抗主义】法人的实际情况与登记的事项不一致的，不得对抗善意相对人。

《民法典》第 504 条【表见代表】法人的法定代表人或者非法人组织的负责人超越权限订立的合同，除相对人知道或者应当知道其超越权限外，该代表行为有效，订立的合同对法人或者非法人组织发生效力。

［解读］法人和非法人组织虽然具有缔约能力，但受其自然属性的限制，法人和非法人组织缔约能力的行使必须借助自然人的代表。

法定代表人、负责人所为的代表行为超出代表权限，其所实施的法律行为的效力是否仍然能够归属于法人或非法人组织？

如果不加区分，一概承认越权代表所订立的合同对组织体发生效力。那么，代表权就极易被法定代表人、负责人所滥用，成为损害组织体和组织成员利益的工具。

如果一概认定法定代表人、负责人超越权限所订立的合同对组织体不发生效力。那么，将会对交易安全和信赖利益的保护带来极大的威胁，不利于交易秩序的维护。

如何在微观个体利益保护与宏观经济秩序之间寻找一个平衡点，就成为构建越权代表行为效力归属规则的关键所在。

《民法典》第 532 条【当事人变更不影响合同的履行】合同生效后，当事人不得因姓名、名称的变更或者法定代表人、负责人、承办人的变动而不履行合同义务。

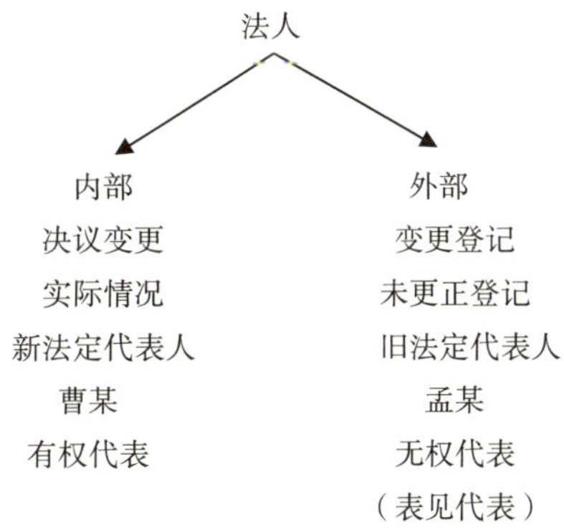

［萌主点拨］超越经营范围

《民法典》第 505 条【超越经营范围的合同】当事人超越经营范围订立的合同的效力，应当依照本法第一编第六章第三节和本编的有关规定确定，不得仅以超越经营范围确认合同无效。

【主观工坊】马某系天津众森实业股份有限公司（以下简称众森公司）的董事长。2019 年 7 月 5 日，众森公司更换孟某为公司的董事长，但一直未前往相关部门办理变更登记手续。8月8日，马某以众森公司的名义与广州市广腾砂石有限公司（以下简称广腾公司）签订了一份砂石购销合同，价款2000万元。12月10日，广腾公司请求众森公司履行合同。请问：

1. 马某的行为是无权代理还是表见代理？

2. 众森公司与广腾公司签订的砂石购销合同效力如何？

3. 众森公司新董事长孟某能否拒不承认砂石购销合同？为什么？

答：1. 既不是无权代理，也不是表见代理，而是表见代表（“表见代表”系采分点，1分），因为马某系众森公司的董事长。

2. 合法有效（1分）。因为法人的法定代表人或者非法人组织的负责人超越权限（“超越权限”系采分点，1分）订立的合同，除相对人知道或者应当知道（“知道或应当知道”系采分点，1分）其超越权限外，该代表行为有效。

3. 不能（1分）。因为广腾公司在与旧法定代表人马某签订砂石购销合同时，因众森公司未办理变更登记手续而有理由相信（“有理由相信”系采分点，1分）马某依然系法定代表人，构成表见代表（“表见代表”系采分点，1分），砂石购销合同合法有效。因此，新董事长孟某不能拒不承认。

（三）法定代表人的权利滥用

【请求权基础】

《民法典》第83条【法人人格否认制度】营利法人的出资人不得滥用出资人权利损害法人或者其他出资人的利益；滥用出资人权利造成法人或者其他出资人损失的，应当依法承担民事责任。

营利法人的出资人不得滥用法人独立地位和出资人有限责任损害法人债权人的利益；滥用法人独立地位和出资人有限责任，逃避债务，严重损害法人债权人的利益的，应当对法人债务承担连带责任。

《公司法》第20条【公司人格否认制度】公司股东应当遵守法律、行政法规和公司章程，依法行使股东权利，不得滥用股东权利损害公司或者其他股东的利益；不得滥用公司法人独立地位和股东有限责任损害公司债权人的利益。

公司股东滥用股东权利给公司或者其他股东造成损失的，应当依法承担赔偿责任。

公司股东滥用公司法人独立地位和股东有限责任，逃避债务，严重损害公司债权人利益的，应当对公司债务承担连带责任。

《公司法》第63条【一人有限责任公司人格否认制度】一人有限责任公司的股东不能证明公司财产独立于股东自己的财产的，应当对公司债务承担连带责任。

［萌主点拨］法人人格否认制度

法人人格否认制度的适用主要包括三个问题：

1. 谁决策谁连带（恶意股东）；

2. 一事一否认，就事论事；

3. 一人公司举证责任倒置。

二、代理人

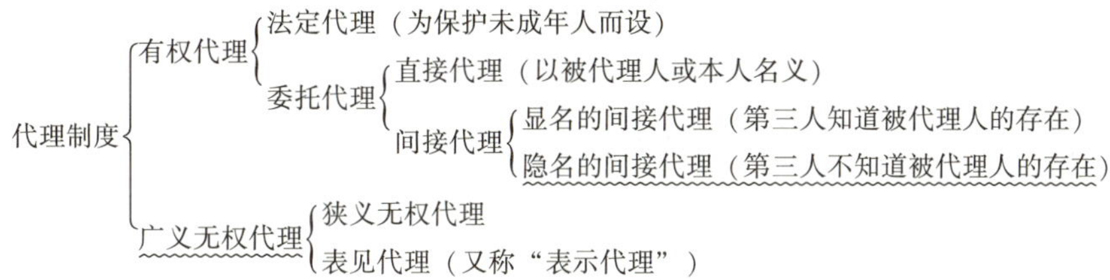

代理制度体系框架图

（一）委托代理的基础理论

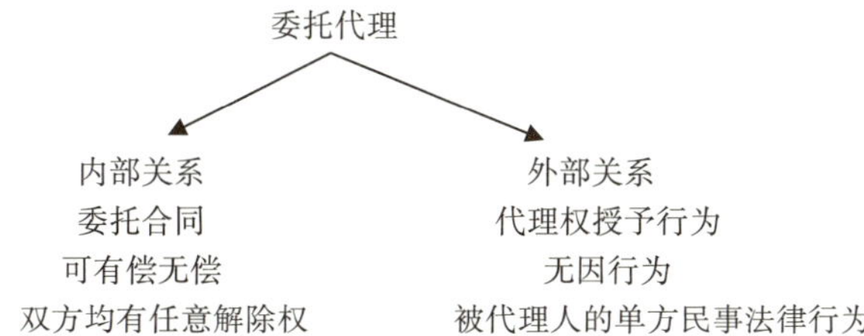

【请求权基础】

《民法典》第 165 条【书面授权委托书】委托代理授权采用书面形式的，授权委托书应当载明代理人的姓名或者名称、代理事项、权限和期限，并由被代理人签名或者盖章。

《民法典》第 933 条【任意解除权】委托人或者受托人可以随时解除委托合同。因解除合同造成对方损失的，除不可归责于该当事人的事由外，无偿委托合同的解除方应当赔偿因解除时间不当造成的直接损失，有偿委托合同的解除方应当赔偿对方的直接损失和合同履行后可以获得的利益。

【主观工坊】2020 年 2 月 6 日，天津众森实业股份有限公司（以下简称众森公司）的董事马某擅自以众森公司的名义与成都中联水泥有限公司（以下简称中联公司）签订了一份价值 2000 万元的水泥供应合同。12 月 8 日，中联公司将 10 车水泥运到众森公司的工地上。请问：

1. 董事马某的身份如何定性？
2. 水泥供应合同的性质如何认定？
3. 水泥供应合同的当事人是谁？
4. 马某与中联公司签订的水泥供应合同效力如何？为什么？

答：1. 代理人（1 分）。

2. 双务合同（1 分）、有名合同（1 分）、有偿合同（1 分）、诺成性合同（1 分）和不要式合同（1 分）。

3. 众森公司和中联公司（1 分）。

4. 效力待定（1 分）。因为行为人没有代理权（“没有代理权”系采分点，1 分）仍然实施代理行为，未经被代理人追认的（“未被追认”系采分点，1 分），对被代理人不发生效力。本案中，董事马某未经众森公司授权属于无权代理。因此，马某与中联公司签订的合同效力待定。

（二）代理权的基础理论

1. 善意行使代理权

【请求权基础】

《民法典》第168条【代理权的滥用】代理人不得以被代理人的名义与自己实施民事法律行为，但是被代理人同意或者追认的除外。

代理人不得以被代理人的名义与自己同时代理的其他人实施民事法律行为，但是被代理的双方同意或者追认的除外。

2. 亲自行使代理权

【请求权基础】

《民法典》第169条【复代理】代理人需要转委托第三人代理的，应当取得被代理人的同意或者追认。

转委托代理经被代理人同意或者追认的，被代理人可以就代理事务直接指示转委托的第三人，代理人仅就第三人的选任以及对第三人的指示承担责任。

转委托代理未经被代理人同意或者追认的，代理人应当对转委托的第三人的行为承担责任；但是，在紧急情况下代理人为了维护被代理人的利益需要转委托第三人代理的除外。

（三）职务代理

【请求权基础】

《民法典》第170条【职务代理行为】执行法人或者非法人组织工作任务的人员，就其职权范围内的事项，以法人或者非法人组织的名义实施的民事法律行为，对法人或者非法人组织发生效力。

法人或者非法人组织对执行其工作任务的人员职权范围的限制，不得对抗善意相对人。

（四）无权代理和表见代理

【请求权基础】

《民法典》第171条【无权代理】行为人没有代理权、超越代理权或者代理权终止后，仍然实施代理行为，未经被代理人追认的，对被代理人不发生效力。

相对人可以催告被代理人自收到通知之日起三十日内予以追认。被代理人未作表示的，视为拒绝追认。行为人实施的行为被追认前，善意相对人有撤销的权利。撤销应当以通知的方式作出。

行为人实施的行为未被追认的，善意相对人有权请求行为人履行债务或者就其受到的损害请求行为人赔偿，但是赔偿的范围不得超过被代理人追认时相对人所能获得的利益。

相对人知道或者应当知道行为人无权代理的，相对人和行为人按照各自的过错承担责任。

《民法典》第503条【无权代理】无权代理人以被代理人的名义订立合同，被代理人已经开始履行合同义务或者接受相对人履行的，视为对合同的追认。

《民法典》第172条【表见代理】行为人没有代理权、超越代理权或者代理权终止后，仍然实施代理行为，相对人有理由相信行为人有代理权的，代理行为有效。

［解读］相对人需举证证明有理由的“理由”，包括主客观相结合的构成要件：

1. 主观上要善意且无过失。

（1）善意，是指不知情、不了解、不知悉，即不知行为人没有代理权。

（2）无过失，是指基于交易便捷原则，尽到必要的审查义务，一般是指对于行为人出示的授权文件或职位的形式审查义务（对授权委托书进行形式审查）而非实质审查义务（无须核实）。

2. 客观上要存在权利外观。

权利外观主要包括如下三类，分别是：

（1）介绍信；

（2）盖有公章或合同专用章的空白合同书；

［注意］①公司的公章和合同专用章具有相同的效力；②公司的公章和合同专用章不得是伪造的，如是伪造的，则不构成表见代理，而构成无权代理。

（3）交易习惯。题目中关键词往往是：经常、往常、通常、常常、长期等。

（五）间接代理

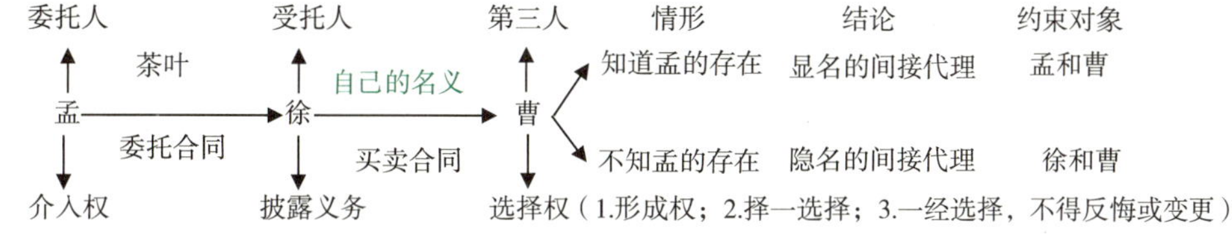

【请求权基础】

《民法典》第925条【显名的间接代理】受托人以自己的名义，在委托人的授权范围内与第三人订立的合同，第三人在订立合同时知道受托人与委托人之间的代理关系的，该合同直接约束委托人和第三人；但是，有确切证据证明该合同只约束受托人和第三人的除外。

《民法典》第926条【隐名的间接代理】受托人以自己的名义与第三人订立合同时，第三人不知道受托人与委托人之间的代理关系的，受托人因第三人的原因对委托人不履行义务，受托人应当向委托人披露第三人，委托人因此可以行使受托人对第三人的权利。但是，第三人与受托人订立合同时如果知道该委托人就不会订立合同的除外。

受托人因委托人的原因对第三人不履行义务，受托人应当向第三人披露委托人，第三人因此可以选择受托人或者委托人作为相对人主张其权利，但是第三人不得变更选定的相对人。

委托人行使受托人对第三人的权利的，第三人可以向委托人主张其对受托人的抗辩。第三人选定委托人作为其相对人的，委托人可以向第三人主张其对受托人的抗辩以及受托人对第三人的抗辩。

【实务拓展】盖章行为的法律效力

1. 观点分歧。

在“真人假章”（有代表权或者代理权的人加盖假公章）或者“假人真章”（无代表权或者代理权的人加盖真公章）等“人章不一致”的情况下，究竟如何认定合同效力？

观点一：“看人不看章”。应当着重考查盖章之人有无代表权或者代理权来认定合同效力，有代表权或者代理权的人即便加盖的是假公章，也应认定其构成有权代表或者有权代理。

观点二："看章不看人"。合同书上加盖公章的意义在于，该意思表示系公章显示的主体所为。假公章意味着该意思表示并非主体真实的意思表示，依法应当认定合同无效。反之，只要加盖的是真公章，即便盖章之人没有代表权或者代理权，也应由公章显示的主体承担民事责任。

2. 裁判规则。

在司法实践中，有些公司有意刻制两套甚至多套公章，有的法定代表人或者代理人甚至私刻公章，订立合同时恶意加盖非备案的公章或者假公章，发生纠纷后法人以加盖的是假公章为由否定合同效力的情形并不鲜见。人民法院在审理案件时，应当主要审查签约人于盖章之时有无代表权或者代理权，从而根据代表或者代理的相关规则来确定合同的效力。

法定代表人或者其授权之人在合同上加盖法人公章的行为，表明其是以法人名义签订合同，除《公司法》第16条①等法律对其职权有特别规定的情形外，应当由法人承担相应的法律后果。法人以法定代表人事后已无代表权、加盖的是假章、所盖之章与备案公章不一致等为由否定合同效力的，人民法院不予支持。

代理人以被代理人名义签订合同，要取得合法授权。代理人取得合法授权后，以被代理人名义签订的合同，应当由被代理人承担责任。被代理人以代理人事后已无代理权、加盖的是假章、所盖之章与备案公章不一致等为由否定合同效力的，人民法院不予支持。

3. 举证责任分配。

假公章的认定，往往需要借助举证责任的分配予以解决。通常情况下，公司以加盖在合同书上的某一枚公章是假公章为由提出合同不成立或无效的抗辩，此时，应由该公司承担举证责任（谁主张谁举证）。公司举证后，合同相对人可通过举证证明盖章之人有代表权（如为法定代表人或负责人）、代理权（职务代理、个别代理）或其有合理理由相信盖章之人有代表权或代理权等事实，从而主张根据相关规则（表见代表或表见代理）认定合同对公司有效。此时，公司只能通过举证证明交易相对人为恶意相对人来否定合同的效力。

【实务问题】

1. 仅有法定代表人或代理人的签字，合同未加盖公章的，能否认定为是公司的行为？

根据签字等同于盖章的规则，加之盖章问题的本质在于是否有代表权或者代理权，故只要有证据证明法定代表人或者代理人是以公司名义而非自身名义签订合同的，就应认定是公司行为，由公司承担法律后果。

① 根据《公司法》第16条的规定，公司向其他企业投资或者为他人提供担保，依照公司章程的规定，由董事会或者股东会、股东大会决议；公司章程对投资或者担保的总额及单项投资或者担保的数额有限额规定的，不得超过规定的限额。公司为公司股东或者实际控制人提供担保的，必须经股东会或者股东大会决议。前款规定的股东或者受前款规定的实际控制人支配的股东，不得参加前款规定事项的表决。该项表决由出席会议的其他股东所持表决权的过半数通过。

2. 先在空白合同书上加盖公章，后确定合同内容的，公章显示的公司应否作为合同主体承担责任？

通常情况下，先有合同条款后加盖公章，故加盖公章的行为除了表明是公司行为外，往往还有对合同条款予以确认的性质。但在空白合同上加盖公章的场合，则是先加盖公章后有合同内容。此时，务必要严格考查空白合同持有人与公司之间是否具有代理关系，来综合认定合同效力是否及于公司。空白合同持有人确实具有代理权，或足以使交易相对人有理由相信其具有代理权的，在空白合同上添加的合同条款效力及于公司。反之，仅仅根据持有盖章的空白合同这一事实，尚不足以认定其具有代理权，应按无权代理规则处理。

第二模块

业主的建筑物区分所有权和物业服务合同

一、业主的建筑物区分所有权

【请求权基础】

★★★《民法典》第278条【业主共同决定事项】下列事项由业主共同决定：

（一）制定和修改业主大会议事规则；

（二）制定和修改管理规约；

（三）选举业主委员会或者更换业主委员会成员；

（四）选聘和解聘物业服务企业或者其他管理人；

（五）使用建筑物及其附属设施的维修资金；

（六）筹集建筑物及其附属设施的维修资金；

（七）改建、重建建筑物及其附属设施；

（八）改变共有部分的用途或者利用共有部分从事经营活动；

（九）有关共有和共同管理权利的其他重大事项。

业主共同决定事项，应当由专有部分面积占比三分之二以上的业主且人数占比三分之二以上的业主参与表决。决定前款第六项至第八项规定的事项，应当经参与表决专有部分面积四分之三以上的业主且参与表决人数四分之三以上的业主同意。决定前款其他事项，应当经参与表决专有部分面积过半数的业主且参与表决人数过半数的业主同意。

［萌主点拨］业主的建筑物区分所有权之成员权

一般事项：定改规则和规约；选换成员聘企业；使用资金变三一。

特殊事项：筹集资金，建设施；改变用途，搞经营。

☆☆☆《民法典》第281条【维修资金的归属和使用】建筑物及其附属设施的维修资金，属于业主共有。经业主共同决定，可以用于电梯、屋顶、外墙、无障碍设施等共有部分的维修、更新和改造。建筑物及其附属设施的维修资金的筹集、使用情况应当定期公布。

紧急情况下需要维修建筑物及其附属设施的，业主大会或者业主委员会可以依法申请使用建筑物及其附属设施的维修资金。

☆☆☆《民法典》第282条【共有部分收益的归属】建设单位、物业服务企业或者其他管理人等利用业主的共有部分产生的收入，在扣除合理成本之后，属于业主共有。

★★★《民法典》第285条【业主的监督权】物业服务企业或者其他管理人根据业

主的委托，依照本法第三编有关物业服务合同的规定管理建筑区划内的建筑物及其附属设施，接受业主的监督，并及时答复业主对物业服务情况提出的询问。

物业服务企业或者其他管理人应当执行政府依法实施的应急处置措施和其他管理措施，积极配合开展相关工作。

★★★《民法典》第286条【业主、业主大会和业主委员会的权利】业主应当遵守法律、法规以及管理规约，相关行为应当符合节约资源、保护生态环境的要求。对于物业服务企业或者其他管理人执行政府依法实施的应急处置措施和其他管理措施，业主应当依法予以配合。

业主大会或者业主委员会，对任意弃置垃圾、排放污染物或者噪声、违反规定饲养动物、违章搭建、侵占通道、拒付物业费等损害他人合法权益的行为，有权依照法律、法规以及管理规约，请求行为人停止侵害、排除妨碍、消除危险、恢复原状、赔偿损失。

业主或者其他行为人拒不履行相关义务的，有关当事人可以向有关行政主管部门报告或者投诉，有关行政主管部门应当依法处理。

[萌主点拨] 维修资金

第一层　归属：全体业主共有；

第二层　筹集：双1/2；

第三层　使用：双1/3；紧急情况下，业主大会或业主委员会依法申请；

第四层　用于：电梯、屋顶、外墙、无障碍设施；

第五层　公开：定期（业主知情权）。

二、物业服务合同

☆☆☆《民法典》第937条【物业服务合同的含义】物业服务合同是物业服务人在物业服务区域内，为业主提供建筑物及其附属设施的维修养护、环境卫生和相关秩序的管理维护等物业服务，业主支付物业费的合同。

物业服务人包括物业服务企业和其他管理人。

☆☆☆《民法典》第938条【物业服务合同的主要内容】物业服务合同的内容一般包括服务事项、服务质量、服务费用的标准和收取办法、维修资金的使用、服务用房的管理和使用、服务期限、服务交接等条款。

物业服务人公开作出的有利于业主的服务承诺，为物业服务合同的组成部分。

物业服务合同应当采用书面形式。

☆☆☆《民法典》第939条【物业服务合同的订立方式】建设单位依法与物业服务人订立的前期物业服务合同，以及业主委员会与业主大会依法选聘的物业服务人订立的物业服务合同，对业主具有法律约束力。

☆☆☆《民法典》第940条【前期物业服务合同的终止】建设单位依法与物业服务人订立的前期物业服务合同约定的服务期限届满前，业主委员会或者业主与新物业服务人订立的物业服务合同生效的，前期物业服务合同终止。

☆☆☆《民法典》第941条【物业服务合同的履行】物业服务人将物业服务区域内的部分专项服务事项委托给专业性服务组织或者其他第三人的，应当就该部分专项服务事项向业主负责。

物业服务人不得将其应当提供的全部物业服务转委托给第三人，或者将全部物业服务支解后分别转委托给第三人。

☆☆☆《民法典》第942条【物业服务人的义务】物业服务人应当按照约定和物业的使用性质，妥善维修、养护、清洁、绿化和经营管理物业服务区域内的业主共有部分，维护物业服务区域内的基本秩序，采取合理措施保护业主的人身、财产安全。

对物业服务区域内违反有关治安、环保、消防等法律法规的行为，物业服务人应当及时采取合理措施制止、向有关行政主管部门报告并协助处理。

☆☆☆《民法典》第943条【物业服务人的公开和报告义务】物业服务人应当定期将服务的事项、负责人员、质量要求、收费项目、收费标准、履行情况，以及维修资金使用情况、业主共有部分的经营与收益情况等以合理方式向业主公开并向业主大会、业主委员会报告。

☆☆☆《民法典》第944条【业主给付物业费的义务】业主应当按照约定向物业服务人支付物业费。物业服务人已经按照约定和有关规定提供服务的，业主不得以未接受或者无需接受相关物业服务为由拒绝支付物业费。

业主违反约定逾期不支付物业费的，物业服务人可以催告其在合理期限内支付；合理期限届满仍不支付的，物业服务人可以提起诉讼或者申请仲裁。

物业服务人不得采取停止供电、供水、供热、供燃气等方式催交物业费。

☆☆☆《民法典》第945条【业主的告知等义务】业主装饰装修房屋的，应当事先告知物业服务人，遵守物业服务人提示的合理注意事项，并配合其进行必要的现场检查。

业主转让、出租物业专有部分、设立居住权或者依法改变共有部分用途的，应当及时将相关情况告知物业服务人。

☆☆☆《民法典》第946条【物业服务合同的解除】业主依照法定程序共同决定解聘物业服务人的，可以解除物业服务合同。决定解聘的，应当提前六十日书面通知物业服务人，但是合同对通知期限另有约定的除外。

依据前款规定解除合同造成物业服务人损失的，除不可归责于业主的事由外，业主应当赔偿损失。

☆☆☆《民法典》第947条【物业服务合同的续订】物业服务期限届满前，业主依法共同决定续聘的，应当与原物业服务人在合同期限届满前续订物业服务合同。

物业服务期限届满前，物业服务人不同意续聘的，应当在合同期限届满前九十日书面通知业主或者业主委员会，但是合同对通知期限另有约定的除外。

☆☆☆《民法典》第948条【不定期物业服务合同】物业服务期限届满后，业主没有依法作出续聘或者另聘物业服务人的决定，物业服务人继续提供物业服务的，原物业服务合同继续有效，但是服务期限为不定期。

当事人可以随时解除不定期物业服务合同，但是应当提前六十日书面通知对方。

☆☆☆《民法典》第949条【物业服务人的后合同义务】物业服务合同终止的，原物业服务人应当在约定期限或者合理期限内退出物业服务区域，将物业服务用房、相关设施、物业服务所必需的相关资料等交还给业主委员会、决定自行管理的业主或者其指定的人，配合新物业服务人做好交接工作，并如实告知物业的使用和管理状况。

原物业服务人违反前款规定的，不得请求业主支付物业服务合同终止后的物业费；造成业主损失的，应当赔偿损失。

☆☆☆《民法典》第950条【物业服务合同终止后原物业服务人的权利和义务】物业服务合同终止后，在业主或者业主大会选聘的新物业服务人或者决定自行管理的业主接管之前，原物业服务人应当继续处理物业服务事项，并可以请求业主支付该期间的物业费。

【主观工坊】2017年10月，周某购买了位于湖南省岳阳市君山区某小区的一套房屋，合同约定，开发商在交房时，供水、排水配套设施齐全，与城市公共供水、排水管网连接，且纳入城市供电网络并正式供电。2018年4月，开发商与某物业公司签订了前期物业服务合同，约定由物业公司为该小区提供物业管理服务，行使物业管理职能。2019年5月，周某前往物业公司办理收房等相关手续，发现房屋未开通用水、用电。同日，周某与物业公司签订了《物业管理服务协议》，未交纳之前房屋未使用期间的物业管理费。此后，物业公司以周某未交纳之前物业管理费为由，拒绝为其办理装修手续，而且拒绝协助其开通用水、用电。双方多次协商未果，周某无法装修、入住，于是周某将物业公司诉至法院。

1. 前期物业服务合同的当事人是?

2. 物业服务合同是要式合同还是不要式合同?

3. 物业公司拒不协助周某为房屋开通用水用电，并因此给周某造成损失，是否构成侵权法律关系?

4. 物业公司是否可以采取停止供电、供水、供热、供燃气等方式催交物业费?

答：1. 开发商和某物业公司（1分）。

2. 要式合同（1分）。因为物业服务合同应当采用书面形式（“书面形式”系采分点，1分）。

3. 构成（1分）。因为一般侵权的构成要件有四：(1) 侵害行为（1分）；(2) 损害后果（1分）；(3) 因果关系（1分）；(4) 主观过错（1分）。本案中，物业公司的行为侵害了周某的房屋所有权，完全符合上述构成要件。因此，构成一般侵权。

4. 不可以（1分）。因为业主违反约定逾期不支付物业费的，物业服务人可以催告（“催告”系采分点，1分）其在合理期限内支付；合理期限届满仍不支付的，物业服务人可以提起诉讼或者申请仲裁（“诉讼或仲裁”系采分点，1分）。

第三模块

善意取得和抵押物的移转制度

【请求权基础】

★★★《民法典》第311条【善意取得】无处分权人将不动产或者动产转让给受让人的，所有权人有权追回；除法律另有规定外，符合下列情形的，受让人取得该不动产或者动产的所有权：

（一）受让人受让该不动产或者动产时是善意；

（二）以合理的价格转让；

（三）转让的不动产或者动产依照法律规定应当登记的已经登记，不需要登记的已经交付给受让人。

受让人依据前款规定取得不动产或者动产的所有权的，原所有权人有权向无处分权人请求损害赔偿。

当事人善意取得其他物权的，参照适用前两款规定。

［法言法语］根据《民法典》第311条的规定，善意取得的构成要件有四：(1) 行为人无权处分不动产/动产/其他物权；(2) 主观上，相对人受让不动产/动产/其他物权时主观上善意且无重大过失；(3) 客观上，相对人支付合理对价（注意：善意取得其他物权时无需支付合理对价）；(4) 转让的不动产/动产/其他物权已经完成公示（如不动产已登记/动产已交付）。

★★★《民法典》第313条【善意取得效力】善意受让人取得动产后，该动产上的原有权利消灭。但是，善意受让人在受让时知道或者应当知道该权利的除外。

★★★《民法典》第406条【抵押物的移转制度】抵押期间，抵押人可以转让抵押财产。当事人另有约定的，按照其约定。抵押财产转让的，抵押权不受影响。

抵押人转让抵押财产的，应当及时通知抵押权人。抵押权人能够证明抵押财产转让可能损害抵押权的，可以请求抵押人将转让所得的价款向抵押权人提前清偿债务或者提存。转让的价款超过债权数额的部分归抵押人所有，不足部分由债务人清偿。

［解读］准确理解本条，需要把握以下几点：

1. 抵押人有权转让抵押财产。抵押人转让抵押财产属于有权处分，不以抵押权人同意为生效条件。

2. 关于另有约定问题。如果抵押合同约定，抵押财产不能转让，或者转让必须经抵押权人同意的，根据意思自治原则，此种约定在当事人之间有效，但此种约定不得对抗善意第三人。

3. 应当区分抵押权是否已经进行登记而予以区别对待。

(1) 已经登记的抵押权原则上可以对抗买受人，即便买受人已经取得抵押财产所有权，抵押权人仍然可以根据抵押权的追及效力，向受让人主张权利。

(2) 已设立但未经登记的动产抵押权，不能对抗善意买受人，买受人取得无权利负担的抵押财产所有权。至于抵押权人能否针对抵押人转让所得的价款行使优先权，涉及物上代位权是否包括价金这一问题。根据《民法典》第 390 条的规定，担保期间，担保财产毁损、灭失或者被征收等，担保物权人可以就获得的保险金、赔偿金或者补偿金等优先受偿。被担保债权的履行期限未届满的，也可以提存该保险金、赔偿金或者补偿金等。从该条规定看，产生物上代位的事实限于毁损、灭失或者被征收等导致所有权绝对灭失的事实，而转让只是导致所有权主体的变更，并未导致抵押物的灭失，故从文义上看，转让所得价款不属于代位物的范畴。

4. 通知义务性质上属于附随义务，抵押人未尽通知义务不影响合同效力。之所以规定抵押人负有通知义务，一方面，是便于抵押权人决定是否请求抵押人提前清偿债务或者提存。因为抵押权人只有在接到通知后，才可能去举证证明该转让行为是否损害抵押权，并据此决定是否请求抵押人提前清偿债务或者提存。另一方面，只有在抵押人将抵押财产转让的事实通知抵押权人后，抵押权人才能向受让人主张抵押权。

第四模块 居住权与租赁权

【请求权基础】

☆☆☆《民法典》第366条【居住权的权能】居住权人有权按照合同约定，对他人的住宅享有占有、使用的用益物权，以满足生活居住的需要。

☆☆☆《民法典》第367条【居住权合同】设立居住权，当事人应当采用书面形式订立居住权合同。

居住权合同一般包括下列条款：

（一）当事人的姓名或者名称和住所；

（二）住宅的位置；

（三）居住的条件和要求；

（四）居住权期限；

（五）解决争议的方法。

☆☆☆《民法典》第368条【居住权的性质和设立】居住权无偿设立，但是当事人另有约定的除外。设立居住权的，应当向登记机构申请居住权登记。居住权自登记时设立。

☆☆☆《民法典》第369条【居住权的限制】居住权不得转让、继承。设立居住权的住宅不得出租，但是当事人另有约定的除外。

☆☆☆《民法典》第370条【居住权的消灭】居住权期限届满或者居住权人死亡的，居住权消灭。居住权消灭的，应当及时办理注销登记。

☆☆☆《民法典》第371条【遗嘱设立居住权】以遗嘱方式设立居住权的，参照适用本章的有关规定。

居住权 VS 租赁权		
	居住权	租赁权
立法目的	保障居住利益	保障居住利益
权利性质	用益物权（绝对权/支配权/处分行为）	债权（相对权/请求权/负担行为）
要式否	书面合同（遗嘱）	租期6个月以上须采书面形式
期限	可以超过20年	不得超过20年
登记效力	登记生效（效力性强制性规定）	登记备案（管理性或取缔性强制性规定）

续表

居住权 VS 租赁权		
有偿否	可有偿可无偿，原则上无偿	有偿
权利限制	不得转让、不得继承、不得出租（另约除外）	有约从约，无约不得擅自转租
消灭	期限届满或死亡（注销登记）	租赁期限届满（不定期租赁合同）

第五模块

担保制度

担保制度对于促进资金融通和商品流转，保证债权实现，具有重大意义。

根据《民法典》第 388 条的规定，设立担保物权，应当依照本法和其他法律的规定订立担保合同。担保合同包括抵押合同、质押合同和其他具有担保功能的合同。担保合同是主债权债务合同的从合同。主债权债务合同无效的，担保合同无效，但是法律另有规定的除外。

担保合同被确认无效后，债务人、担保人、债权人有过错的，应当根据其过错各自承担相应的民事责任。

一、典型担保

典型担保				客体	设定方式	是否要式	是否需要移转标的物的占有
典型担保	狭义债的担保	物保	抵押	动产+不动产+不动产用益物权	意定	书面	不需要
		物保	质押	动产+权利	意定	书面	需要（妥善保管）
		物保	留置	动产	法定	无合同	需要（妥善保管）
		人保	保证	人的信用（信誉）	意定	书面	不需要
		金钱保	定金	特定的货币	意定	书面	需要
	债的保全	代位权（应增加而不增加）					
		撤销权（不应减少而减少）					

典型担保体系框架图

（一）物的担保

1. 不动产担保物权

【请求权基础】

★★《民法典》第 395 条【可抵押财产的范围】债务人或者第三人有权处分的下列财产可以抵押：

（一）建筑物和其他土地附着物；

（二）建设用地使用权；

（三）海域使用权；

（四）生产设备、原材料、半成品、产品；

（五）正在建造的建筑物、船舶、航空器；

（六）交通运输工具；

（七）法律、行政法规未禁止抵押的其他财产。

抵押人可以将前款所列财产一并抵押。

★★★《民法典》第402条【不动产抵押权的设立】以本法第三百九十五条第一款第一项至第三项规定的财产或者第五项规定的正在建造的建筑物抵押的，应当办理抵押登记。抵押权自登记时设立。

［法言法语］根据《民法典》第395条和第402条的规定，以建筑物（房屋）抵押的，抵押权自登记时（采分点）设立。

2. 动产担保物权

（1）动产抵押权

【请求权基础】

★★★《民法典》第396条【动产浮动抵押】企业、个体工商户、农业生产经营者可以将现有的以及将有的生产设备、原材料、半成品、产品抵押，债务人不履行到期债务或者发生当事人约定的实现抵押权的情形，债权人有权就抵押财产确定时的动产优先受偿。

★★★《民法典》第403条【动产抵押的效力】以动产抵押的，抵押权自抵押合同生效时设立；未经登记，不得对抗善意第三人。

★★★《民法典》第404条【动产浮动抵押登记的效力】以动产抵押的，不得对抗正常经营活动中已经支付合理价款并取得抵押财产的买受人。

［法言法语］根据《民法典》第403条的规定，以动产抵押的，抵押权自抵押合同生效时（采分点）设立；未经登记，不得对抗善意第三人。

☆☆☆《民法典》第416条【购买价金担保权】动产抵押担保的主债权是抵押物的价款，标的物交付后10日内办理抵押登记的，该抵押权人优先于抵押物买受人的其他担保物权人受偿，但是留置权人除外。

［解读］购买价金担保权，是指在购买价金担保物上设立的为担保购买价金偿付义务履行的动产担保权。“购买价金担保物”，是指担保由其引起的“购买价金债务”的物品。“购买价金债务”，是指债务人因购买担保物的全部或部分而引起的价金债务。“购买价金担保物”与“购买价金债务”共同构成了购买价金担保权的完整意义。

购买价金担保权的典型特征是担保的主债权是标的物的购买价金。只要在交付后10日内进行购买价金抵押权的登记，该购买价金担保权便具有“超级优先权”，即该购买价金担保权优先于其他登记在前的担保物权，即购买价金担保权在规定的10日宽限期内进行登记便能获得优先于动产浮动抵押权的优先顺位。

【主观工坊】2019年4月9日，甲公司为扩展业务，与江汉农商银行签署了《贷款协议》，双方约定：贷款金额为600万元，借款期限为2年。同时，江汉农商银行同意以甲公司现有的以及将有的生产设备、原材料、半成品、产品作为抵押物设定抵押，为上述600万元贷款提供担保。《动产抵押合同》签署后，双方于2019年4月10日办理了动产抵押登记。2019年5月11日，甲公司因拓展业务需要，从乙精密机械制造公司（以下简称乙公司）购买了A、B、C三套精密设备，双方约定购买精密设备的价款于设备试运行1

年内支付。为担保价款的履行，甲公司与乙公司约定以A、B、C三套精密设备作为抵押物，签署了《动产抵押合同》，并于2019年5月18日办理了抵押登记。2019年6月20日，甲公司将发生故障的A设备送去丙修理公司（以下简称丙公司）进行检修。因甲公司拖欠修理费用，丙公司将A设备扣押。后丙公司见甲公司长期拖欠修理费用，其资金链也十分紧张，便未经甲公司同意于2019年7月1日将A设备抵押给丁借贷公司（以下简称丁公司），但未办理抵押登记，从而获得贷款200万元以维持业务运营。丁公司对A设备的所有权不属于丙公司并不知情。2019年7月3日，丙公司法定代表人李某因投资失败而无力偿债，见甲公司送来修理的A设备一直未取回，便将该设备质押给其债权人刘某，并于当日将该设备交付给刘某。刘某对A设备所有权不属于李某并不知情。请问：

1. 甲公司以其现有的及将有的生产设备等动产为江汉农商银行的贷款设立的抵押权是否成立？为什么？

2. 乙公司的动产抵押权与江汉农商银行的抵押权何者效力优先？为什么？

3. 丙公司的留置权是否成立？

答：1. 成立（1分）。因为动产浮动抵押权自抵押合同生效时（“生效时”系采分点，1分）设立；未经登记，不得对抗（“不得对抗”系采分点，1分）善意第三人。本案中，2019年4月9日，甲公司与江汉银行签署了《动产抵押合同》，合同生效时，江汉银行即取得动产浮动抵押权。

法律依据：《民法典》第396条和第403条。

2. 乙公司（1分）。因为标的物交付后10日内（“10日内”系采分点，1分）办理抵押登记的，购买价金担保权（“购买价金担保权”系采分点，1分）优先于其他登记在前的担保物权。本案中，乙公司将设备出卖给甲公司并于10日内办理了抵押登记手续。因此，乙公司作为购买价金担保权人优先于之前登记的动产浮动抵押权人江汉农商银行。

法律依据：《民法典》第416条。

3. 成立（1分）。因为商事留置权的构成要件有三：（1）债权已到期（1分）；（2）合法占有债务人的动产（1分）；（3）不违反法律规定、当事人约定，不违背公序良俗（1分）。本案中，甲公司将设备送丙公司修理拖欠修理费用，丙公司有权依法行使商事留置权。

法律依据：《民法典》第447条。

（2）动产质权

【请求权基础】

★★《民法典》第429条【动产质权的设立】质权自出质人交付质押财产时设立。

（3）动产留置权

【请求权基础】

★★《民法典》第447条【留置权的含义】债务人不履行到期债务，债权人可以留置已经合法占有的债务人的动产，并有权就该动产优先受偿。

前款规定的债权人为留置权人，占有的动产为留置财产。

★★★《民法典》第448条【留置财产与债权的关系】债权人留置的动产，应当与债权属于同一法律关系，但是企业之间留置的除外。

★★★《民法典》第449条【留置权的排除适用】法律规定或者当事人约定不得留置的动产，不得留置。

［法言法语］根据《民法典》第447~449条的规定，留置权包括民事留置权和商事留置权（企业与企业之间）两类。

民事留置权的构成要件有四：1. 债权已到期；2. 合法占有债务人的动产；3. 基于同一法律关系；4. 不违反法律规定、当事人约定，不违背公序良俗。

商事留置权的构成要件有三：1. 债权已到期；2. 合法占有债务人的动产；3. 不违反法律规定、当事人约定，不违背公序良俗。

【主观工坊】2019年3月21日，孟某在参加当地举办的婚博会时，购买了参展商家甲珠宝加工公司（以下简称甲公司）裸钻一颗，价值5000元，委托甲公司按照其选定的款式，将裸钻加工成钻石项链，定制项链所需的其他材料由甲公司提供。孟某支付订金1000元，后续费用待项链制作完成并交付时再结算。请问：

1. 孟某和甲公司之间形成的法律关系如何定性？

2. 如果在甲公司钻石项链制作完成后，孟某无正当理由拒不支付材料和加工款项合计8000元。甲公司可否对项链行使留置权？为什么？

答：1. 承揽合同关系（1分）。

2. 可以（1分）。因为民事留置权的构成要件有四：（1）债权已到期（1分）；（2）合法占有债务人的动产（1分）；（3）基于同一法律关系（1分）；（4）不违反法律规定、当事人约定，不违背公序良俗（1分）。本案中，定作人孟某无正当理由拒不支付8000元的，承揽人甲公司有权依法行使民事留置权。

3. 权利担保物权

（1）建设用地使用权的抵押权

【请求权基础】

★★《民法典》第395条【可抵押财产的范围】债务人或者第三人有权处分的下列财产可以抵押：

（一）建筑物和其他土地附着物；

（二）建设用地使用权；

（三）海域使用权；

（四）生产设备、原材料、半成品、产品；

（五）正在建造的建筑物、船舶、航空器；

（六）交通运输工具；

（七）法律、行政法规未禁止抵押的其他财产。

抵押人可以将前款所列财产一并抵押。

★★★《民法典》第402条【不动产抵押权的设立】以本法第395条第1款第（一）项至第（三）项规定的财产或者第（五）项规定的正在建造的建筑物抵押的，应当办理抵押登记。抵押权自登记时设立。

［法言法语］根据《民法典》第395条和第402条的规定，以建设用地使用权抵押的，抵押权自登记时（采分点）设立。

【主观工坊】2019年1月5日，天津众森实业股份有限公司（以下简称众森公司）以北京市海淀区一地块的建设用地使用权作抵押向中国工商银行天津市分行（以下简称工商银行）贷款20亿元，办理了抵押登记手续。其后，众森公司在该地块上开发建设住宅楼，由中铁七局公司（以下简称中铁公司）承建。2020年5月8日，众森公司在取得商品房预售许可证后与孟某订立了一份商品房买卖合同，孟某支付了全部购房款850万元。现住宅楼已竣工验收，但众森公司未能按期偿还工商银行借款，并欠付中铁公司工程款2000万元，工商银行和中铁公司同时主张权利，法院拍卖了该住宅楼。请问：

1. 建设用地使用权的抵押权采公示生效主义还是公示对抗主义？

2. 建设工程施工合同是要式合同还是不要式合同？

3. 工商银行是否对住宅楼拍卖所得价款享有优先受偿权？为什么？

答：1. 公示生效主义（1分）。因为建设用地使用权的抵押权的设立依登记（"登记"系采分点，1分）。

2. 要式合同（1分）。因为建设工程施工合同应当采用书面形式（"书面形式"系采分点，1分）。

3. 不享有（1分）。因为建设用地使用权抵押后，该土地上新增的建筑物不属于抵押财产。该建设用地使用权实现抵押权时，应当将该土地上新增的建筑物与建设用地使用权一并处分，但新增建筑物所得的价款，抵押权人无权优先受偿。本案中，众森公司以建设用地使用权作抵押，但住宅楼属于新增建筑物（"新增建筑物"系采分点，1分），不属于抵押物（"不属于抵押物"系采分点，1分）。因此，工商银行可以主张一并拍卖，但不得对住宅楼所得的价款优先受偿。

（2）土地经营权的抵押权

【请求权基础】

☆☆☆《民法典》第341条【土地经营权流转对抗效力】流转期限为五年以上的土地经营权，自流转合同生效时设立。当事人可以向登记机构申请土地经营权登记；未经登记，不得对抗善意第三人。

（3）有价证券质押

【请求权基础】

★★《民法典》第441条【有价证券质权的设立】以汇票、本票、支票、债券、存款单、仓单、提单出质的，质权自权利凭证交付质权人时设立；没有权利凭证的，质权自办理出质登记时设立。法律另有规定的，依照其规定。

★★《民法典》第442条【票据权利先于主债权到期的处理】汇票、本票、支票、债券、存款单、仓单、提单的兑现日期或者提货日期先于主债权到期的，质权人可以兑现或者提货，并与出质人协议将兑现的价款或者提取的货物提前清偿债务或者提存。

（4）基金份额、股权质押

【请求权基础】

★★《民法典》第443条【基金份额、股权质权的设立和权利转让的限制】以基金份额、股权出质的，质权自办理出质登记时设立。

基金份额、股权出质后，不得转让，但是出质人与质权人协商同意的除外。出质人转让基金份额、股权所得的价款，应当向质权人提前清偿债务或者提存。

（5）应收账款质押

【请求权基础】

★★★《民法典》第445条【应收账款质权的设立和权利转让的限制】以应收账款出质的，质权自办理出质登记时设立。

应收账款出质后，不得转让，但是出质人与质权人协商同意的除外。出质人转让应收账款所得的价款，应当向质权人提前清偿债务或者提存。

［萌主点拨］意定担保物权人的权利滥用（流押/质条款）。

【请求权基础】

★★★《民法典》第401条【流押条款无效】抵押权人在债务履行期限届满前，与抵押人约定债务人不履行到期债务时抵押财产归债权人所有的，只能依法就抵押财产优先受偿。

★★★《民法典》第428条【流质条款无效】质权人在债务履行期限届满前，与出质人约定债务人不履行到期债务时质押财产归债权人所有的，只能依法就质押财产优先受偿。

［解读］流押（质）条款，是指当事人在合同中约定，一旦债务人到期不履行债务，抵押财产（质押财产）直接归债权人所有的条款。抵押权（质押权）作为优先受偿权，抵押权人（质权人）一般不以取得抵押财产（质押财产）为目的，在抵押合同（质押合同）中约定流押（质）条款的情形反而并不多见。

关于应否禁止流押（质），存在"允许说"和"禁止说"两种，且各有理由。

从比较法的发展趋势看，即便是禁止流押（质），也出现了缓和趋势；尤其是世界银行营商环境评估中，要求允许抵押权人通过事先约定方式取得担保物权，即允许流押（质）。综合考虑，《民法典》对禁止流押（质）问题进行了柔化处理，即一方面仍然禁止流押（质），另一方面则通过规定抵押权人的优先受偿权，变相规定了抵押权人的清算义务，为归属型清算或处分型清算留下了制度空间。

从司法实践来看，与流押（质）条款密切相关的是让与担保。在让与担保中，当事人从形式上签订的是转让合同（包括买卖合同、股权转让合同），实际目的却在于设定担保。正因为形式上签订的是转让合同，所以会约定抵押财产在特定情况下归名义上的买受人（实际上的债权人）所有。在此情形中，识别是否存在流押（质）条款，首先就要识别该所为的转让合同是真正的转让合同，还是让与担保合同。

是否存在主合同是判断一个协议是真正的转让合同还是让与担保的重要标准。让与担保作为一种非典型担保，属于从合同的范畴。与此相对应，往往还会存在一个主合同。而真正的转让合同往往只有一个合同，不存在主从合同问题。另外，让与担保中，当事人约定回购条款，或者名义上的买受人实际取得所有权附有一定条件，此点使其有别于一般的转让合同。因为在一般的转让合同中，一旦所有权发生了转移，通常不会发生回购或附条件的问题。

《民法典》并未直接规定流押（质）条款的效力，但从条文表述来看，流押（质）条款仍然是无效的。因为如果流押（质）条款是有效的，抵押权人（质权人）就可直接根据约定享有抵押财产（质押财产）的所有权，而不是只能依法就抵押财产（质押财产）优先受偿。从解释论上说，应当认为无效的流押（质）条款已经转化为有效的清算型担保。

【主观工坊】2020年3月4日，孟某从中国工商银行天津市分行（以下简称工商银行）贷款800万元用于创办天津众森实业股份有限公司（以下简称众森公司），将自己位于北京市海淀区幸福小区2号楼2单元402室价值850万元的房屋抵押给工商银行并办理了抵押登记手续，借期10年。双方签订了一份书面抵押合同，抵押合同第6条约定："如孟某未按期还款，房屋所有权直接归工商银行所有。"请问：

1. 何为担保物权？
2. 抵押权属于意定担保物权还是法定担保物权？
3. 孟某和工商银行签订的抵押合同效力如何？为什么？

答：1. 担保物权，是指用他人之物或财产权利担保自己债权实现的限制物权（"限制物权"系采分点，1分）。担保物权系从权利（"从权利"系采分点，1分），因债权人害怕债务人不能还款而存在。其实质乃优先受偿权（"优先受偿权"系采分点，1分）。单纯支配和利用标的物的交换价值（"交换价值"系采分点，1分）。

2. 意定担保物权（1分）。

3. 部分有效部分无效（1分）。因为抵押权人在债务履行期限届满前，与抵押人约定债务人不履行到期债务时抵押财产归债权人所有的，只能依法就抵押财产优先受偿。本案中，孟某和工商银行签订的抵押合同第六条系流押条款（"流押条款"系采分点，1分），该条款本身无效（"本身无效"系采分点，1分），但并不影响（"不影响"系采分点，1分）抵押合同其他条款的效力。因此，抵押合同部分有效部分无效。

法律依据：《民法典》第401条。

（二）人的担保

【请求权基础】

★★《民法典》第681条【保证合同的含义】保证合同是为保障债权的实现，保证人和债权人约定，当债务人不履行到期债务或者发生当事人约定的情形时，保证人履行债务或者承担责任的合同。

☆☆☆《民法典》第682条【主从合同关系】保证合同是主债权债务合同的从合同。主债权债务合同无效的，保证合同无效，但是法律另有规定的除外。

保证合同被确认无效后，债务人、保证人、债权人有过错的，应当根据其过错各自承担相应的民事责任。

★★《民法典》第683条【保证人的限制】机关法人不得为保证人，但是经国务院批准为使用外国政府或者国际经济组织贷款进行转贷的除外。

以公益为目的的非营利法人、非法人组织不得为保证人。

★★★《民法典》第685条【保证合同的订立方式】保证合同可以是单独订立的书面合同，也可以是主债权债务合同中的保证条款。

第三人单方以书面形式向债权人作出保证，债权人接收且未提出异议的，保证合同成立。

★★★《民法典》第686条【保证的方式和推定】保证的方式包括一般保证和连带责任保证。

当事人在保证合同中对保证方式没有约定或者约定不明确的，按照一般保证承担保证责任。

★★★《民法典》第687条【一般保证和先诉抗辩权的丧失】当事人在保证合同中约定，债务人不能履行债务时，由保证人承担保证责任的，为一般保证。

一般保证的保证人在主合同纠纷未经审判或者仲裁，并就债务人财产依法强制执行仍不能履行债务前，有权拒绝向债权人承担保证责任，但是有下列情形之一的除外：

（一）债务人下落不明，且无财产可供执行；

（二）人民法院已经受理债务人破产案件；

（三）债权人有证据证明债务人的财产不足以履行全部债务或者丧失履行债务能力；

（四）保证人书面表示放弃本款规定的权利。

【主观工坊】2019年2月5日，天津众森实业股份有限公司（以下简称众森公司）为了开发幸福小区项目向中国工商银行天津市分行（以下简称工商银行）贷款200亿元。2月6日，众森公司的全资子公司天津滨海房地产开发有限公司（以下简称滨海公司）单方以书面形式向工商银行出具一份《担保函》，内容为："本公司自愿为众森公司的债权承担保证责任。"工商银行收到《担保函》后未提出任何异议。请问：

1. 保证合同是单务合同还是双务合同？

2. 保证合同的当事人是？

3. 滨海公司与工商银行之间的保证合同是否成立？为什么？

4. 滨海公司是一般保证人还是连带责任保证人？

答：1. 单务合同（1分）。因为保证合同中，保证人仅有义务没有权利，债权人仅有权利没有义务，二者并不存在对待给付（"对待给付"系采分点，1分）义务关系。

2. 保证人和债权人（1分），即滨海公司和工商银行。

3. 成立。因为第三人单方（"单方"系采分点，1分）以书面形式（"书面形式"系采分点，1分）向债权人作出保证，债权人接收且未提出异议（"接收且未提出异议"系采分点，1分）的，保证合同成立。本案中，滨海公司单方以书面形式向工商银行出具《担保函》，工商银行接收且未提出异议。因此，滨海公司与工商银行之间的保证合同成立。

法律依据：《民法典》第685条。

4. 一般保证人（1分）。因为当事人对保证方式没有约定（"没有约定"系采分点，1分）的，推定（"推定"系采分点，1分）为一般保证。

法律依据：《民法典》第686条。

（三）金钱的担保

【请求权基础】

★★★《民法典》第586条【定金责任】当事人可以约定一方向对方给付定金作为债权的担保。定金合同自实际交付定金时成立。

定金的数额由当事人约定；但是，不得超过主合同标的额的百分之二十，超过部分不产生定金的效力。实际交付的定金数额多于或者少于约定数额的，视为变更约定的定金数额。

★★★《民法典》第587条【定金罚则】债务人履行债务的，定金应当抵作价款或者收回。给付定金的一方不履行债务或者履行债务不符合约定，致使不能实现合同目的的，无权请求返还定金；收受定金的一方不履行债务或者履行债务不符合约定，致使不能实现合同目的的，应当双倍返还定金。

【主观工坊】2019年7月12日，孟某与天津众森实业股份有限公司（以下简称众森公司）签订《幸福小区商品房认购意向书》，约定孟某向众森公司支付购房意向金2000元，取得该公司所开发的幸福小区商品房优先认购权，众森公司在该小区正式认购时，优先通知孟某前来选择认购，认购商品房的面积为150平方米，均价约为每平方米7000元（可能有1500元的浮动）。如孟某未在约定期限内认购单元的，则视同放弃优先认购权，已付的意向金无息退还；如前来认购的，则意向金自行转为认购金的一部分。意向书对楼号、房型未作具体明确。意向书签订后，孟某向众森公司支付了上述意向金。后众森公司未依约履行合同，孟某将众森公司诉至法院。请问：

1. 《幸福小区商品房认购意向书》是预约还是本约？

2. 众森公司主张意向金的性质属于定金，要求按定金罚则处理是否有法律依据？为什么？

3. 孟某是否有权请求众森公司承担继续履行的违约责任？为什么？

答：1. 预约（1分）。预约，是指当事人约定将来订立（“将来订立”系采分点，1分）一定合同的合同。本案中，《幸福小区商品房认购意向书》的目的系将来订立正式的商品房买卖合同。因此，属于预约。

法律依据：《民法典》第495条，当事人约定在将来一定期限内订立合同的认购书、订购书、预订书等，构成预约合同。

当事人一方不履行预约合同约定的订立合同义务的，对方可以请求其承担预约合同的违约责任。

2. 没有（1分）。因为当事人双方并未对意向金的内容约定罚则功能（“罚则功能”系采分点，1分），即并未约定如孟某违约，不得请求返还（“不得请求返还”系采分点，1分）意向金，亦未约定如众森公司违约，双倍返还（“双倍返还”系采分点，1分）意向金。因此，不属于定金。

3. 无权（1分）。因为签订预约不适于强制履行（“不适于强制履行”系采分点，1分）。违反预约，可以追究违约责任，但不得强制履行本约。

（四）债的保全

1. 债权人代位权

【请求权基础】

★★★《民法典》第535条【债权人代位权】因债务人怠于行使其债权或者与该债权有关的从权利，影响债权人的到期债权实现的，债权人可以向人民法院请求以自己的名义代位行使债务人对相对人的权利，但是该权利专属于债务人自身的除外。

代位权的行使范围以债权人的到期债权为限。债权人行使代位权的必要费用，由债务人负担。

相对人对债务人的抗辩，可以向债权人主张。

☆☆☆《民法典》第536条【债权人代位权的提前行使】债权人的债权到期前，债务人的债权或者与该债权有关的从权利存在诉讼时效期间即将届满或者未及时申报破产债权等情形，影响债权人的债权实现的，债权人可以代位向债务人的相对人请求其向债务人履行、向破产管理人申报或者作出其他必要的行为。

★★★《民法典》第537条【债权人代位权行使的法律效果】人民法院认定代位权成立的，由债务人的相对人向债权人履行义务，债权人接受履行后，债权人与债务人、债务人与相对人之间相应的权利义务终止。债务人对相对人的债权或者与该债权有关的从权利被采取保全、执行措施，或者债务人破产的，依照相关法律的规定处理。

【主观工坊】2019年1月5日，天津众森实业股份有限公司（以下简称众森公司）以北京市海淀区一地块的建设用地使用权作抵押向中国工商银行天津市支行（以下简称工商银行）贷款20亿元，办理了抵押登记手续。其后，众森公司在该地块上开发建设住宅楼，由中铁十八局集团有限公司（以下简称中铁十八局）承建。5月8日，中铁十八局未经众森公司同意，将主体工程转包给中铁七局集团有限公司（以下简称中铁七局）。2020年2月6日，住宅楼竣工验收合格，众森公司欠付中铁十八局工程款2000万元，中铁十八局欠付中铁七局工程价款1000万元。请问：

1. 中铁十八局和中铁七局之间的转包合同效力如何？为什么？
2. 众森公司是否有权解除与中铁十八局之间的建设工程施工合同？为什么？
3. 中铁七局是否有权以自己的名义向法院起诉众森公司提起代位权诉讼？为什么？
4. 代位权诉讼中，当事人的法律地位如何安排？

答：1. 无效（1分）。因为主体工程必须由总承包人中铁十八局亲自完成（“亲自完成”系采分点，1分），总承包人将主体工程转包给中铁七局违反法律的效力性强制性规定（“效力性强制性规定”系采分点，1分）。因此，合同无效。

2. 无权（1分）。因为解除权的对象系尚未履行完毕（“尚未履行完毕”系采分点，1分）且合法有效的合同（“合法有效”系采分点，1分）。本案中，住宅楼竣工验收合格，合同已经履行完毕。因此，不存在解除权问题。

3. 有权（1分）。因为因债务人怠于行使（“怠于行使”系采分点，1分）其到期债权（“到期债权”系采分点，1分），对债权人造成损害（“造成损害”系采分点，1分）的，债权人可以向法院请求以自己的名义代位行使债务人的债权，但该债权专属于债务人自身的除外。本案中，中铁七局、中铁十八局和众森公司三方之间的关系完全符合行使代位权的构成要件。因此，中铁七局有权提起代位权诉讼。

4. 原告：中铁七局（1分）；被告：众森公司（1分）；法院应当追加（“应当追加”系采分点，1分）中铁十八局为无独立请求权的第三人（“无独立请求权的第三人”系采分点，1分）。

2. 债权人撤销权

【请求权基础】

★★★《民法典》第538条【债权人撤销权行使的情形】债务人以放弃其债权、放弃债权担保、无偿转让财产等方式无偿处分财产权益，或者恶意延长其到期债权的履行期限，影响债权人的债权实现的，债权人可以请求人民法院撤销债务人的行为。

★★★《民法典》第539条【债权人撤销权行使的情形】债务人以明显不合理的低价转让财产、以明显不合理的高价受让他人财产或者为他人的债务提供担保，影响债权人的债权实现，债务人的相对人知道或者应当知道该情形的，债权人可以请求人民法院撤销债务人的行为。

★★★《民法典》第540条【债权人撤销权的行使范围】撤销权的行使范围以债权人的债权为限。债权人行使撤销权的必要费用，由债务人负担。

★★★《民法典》第541条【债权人撤销权的期限限制】撤销权自债权人知道或者应当知道撤销事由之日起一年内行使。自债务人的行为发生之日起五年内没有行使撤销权的，该撤销权消灭。

☆☆☆《民法典》第542条【债权人撤销权的法律效力】债务人影响债权人的债权实现的行为被撤销的，自始没有法律约束力。

二、非典型担保

纵观现代各国民法的发展，适当灵活创新担保方式，增加新类型担保是一个趋势，比如让与担保的承认。

（一）动产所有权保留买卖合同

【请求权基础】

★★《民法典》第224条【动产物权的变动】动产物权的设立和转让，自交付时发生效力，但是法律另有规定的除外。

★★《民法典》第225条【特殊动产登记效力】船舶、航空器和机动车等的物权的设立、变更、转让和消灭，未经登记，不得对抗善意第三人。

★★★《民法典》第641条【动产所有权保留买卖合同】当事人可以在买卖合同中约定买受人未履行支付价款或者其他义务的，标的物的所有权属于出卖人。

出卖人对标的物保留的所有权，未经登记，不得对抗善意第三人。

★★★《民法典》第642条【动产所有权保留买卖合同中的取回权】当事人约定出卖人保留合同标的物的所有权，在标的物所有权转移前，买受人有下列情形之一，造成出卖人损害的，除当事人另有约定外，出卖人有权取回标的物：

（一）未按照约定支付价款，经催告后在合理期限内仍未支付；

（二）未按照约定完成特定条件；

（三）将标的物出卖、出质或者作出其他不当处分。

出卖人可以与买受人协商取回标的物；协商不成的，可以参照适用担保物权的实现程序。

★★《民法典》第643条【动产所有权买卖合同中的回赎权】出卖人依据前条第一款的规定取回标的物后，买受人在双方约定或者出卖人指定的合理回赎期限内，消除出卖人取回标的物的事由的，可以请求回赎标的物。

买受人在回赎期限内没有回赎标的物，出卖人可以以合理价格将标的物出卖给第三人，出卖所得价款扣除买受人未支付的价款以及必要费用后仍有剩余的，应当返还买受人；不足部分由买受人清偿。

（二）让与担保

让与担保，又称非典型担保，具有融资灵活、交易成本较低、第三人阻碍债权实现的可能性小等优势，让与担保一直在担保实践中扮演重要角色。

让与担保，是指债务人或者第三人为担保债务的履行，将标的物转移给他人，于债务不履行时，他人可就标的物受偿的一种非典型担保。其中，将标的物转移给他人的债务人或第三人形式上是转让人，实质上是担保人；受领标的物的他人形式上是受让人，实质上是担保权人。

《全国法院民商事审判工作会议纪要》关于让与担保制度的裁判规则如下：

债务人或者第三人与债权人订立合同，约定将财产形式上转让至债权人名下，债务人到期清偿债务，债权人将该财产返还给债务人或第三人，债务人到期没有清偿债务，债权人可以对财产拍卖、变卖、折价偿还债权的，人民法院应当认定合同有效。合同如果约定债务人到期没有清偿债务，财产归债权人所有的，人民法院应当认定该部分约定无效，但不影响合同其他部分的效力。

当事人根据上述合同约定，已经完成财产权利变动的公示方式转让至债权人名下，债务人到期没有清偿债务，债权人请求确认财产归其所有的，人民法院不予支持，但债权人请求参照法律关于担保物权的规定对财产拍卖、变卖、折价优先偿还其债权的，人民法院依法予以支持。债务人因到期没有清偿债务，请求对该财产拍卖、变卖、折价偿还所欠债权人合同项下债务的，人民法院亦应依法予以支持。

［萌主点拨］让与担保

第一层：让与担保合同本身合法有效（通说）；

第二层：合同中约定“流押（质）条款”的，部分有效，部分无效（否定事前归属型让与担保的效力）；

第三层：没有完成财产权利变动公示的，债务人到期没有清偿债务的，债权人可以对财产拍卖、变卖、折价偿还债权，但不享有优先受偿权；

第四层：已经完成财产权利变动公示的①，债务人到期没有清偿债务的，债权人可以请求参照法律关于担保物权的规定②对财产拍卖、变卖、折价偿还债权，且享有优先受偿权③；

第五层：债务人因到期没有清偿债务，有权主动请求对该财产拍卖、变卖、折价偿还所欠债权人合同项下债务。

【实务问题】

1. 如何理解让与担保制度的适用范围？

---

① 具体而言，动产已经交付债权人，不动产或股权已经变更登记在债权人名下。仅签订合同，未完成财产权利变动公示的所谓的“后让与担保”，不具有物权效力。

② 具体而言，分别参照适用动产质押、不动产抵押以及股权质押的规定，将财产拍卖、变卖、折价，并以所得价款优先受偿。

③ 让与担保参照适用最相类似的担保物权，面临的主要问题是，公示的是所有权或股权变动，而实际上享有的却是担保物权，二者存在不一致的情形，而这恰恰是非典型担保和典型担保的区别之处。根据“举重以明轻”的解释规则，将登记的所有权或股权解释为担保物权，并不损害相对人的利益，因此参照适用在价值上是妥当的。

理论界有学者提出所谓“后让与担保”概念，将当事人关于债务人逾期不能清偿债务时将标的物转移给债权人的约定认为是一种让与担保①。我们认为，“后让与担保”并非严谨的法律概念，当事人作出将标的物转移给债权人的约定时，标的物并未以交付或登记的方式进行公示，不属于让与担保的适用范围。

2. 人民法院如何审理案件？

实践中，让与担保纠纷主要以买卖合同、股权转让等案由出现，作为债权人的原告可能首先诉请要求确认对标的物享有所有权或移转对标的物的占有，作为债务人的被告则抗辩双方之间为让与担保法律关系，标的物虽然登记在原告名下，但原告不享有所有权。法院经审理如认为当事人之间属于让与担保法律关系，当事人根据法庭审理情况变更诉讼请求的，人民法院应当准许。

实践中，债务人亦可能作为原告提起诉讼，要求确认其与债务人之间属于让与担保法律关系，债权人不享有标的物所有权，并要求债权人返还标的物。法院经审理如认为当事人之间确属于让与担保法律关系，则可向被告释明是否提起反诉，依据合同主张还款责任。

（三）保理合同

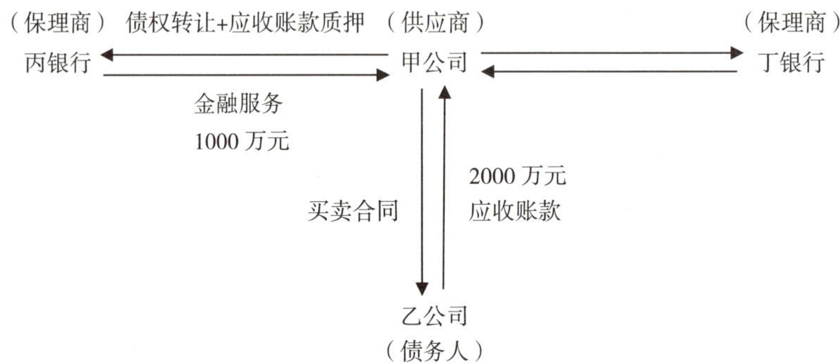

例：2019年1月2日，甲公司与乙公司签订了一份长达5年的汽车刹车片供应合同，合同中约定：“甲公司向乙公司供应刹车片，乙公司每年12月底一次性给付当年的价款2000万元。”为了融资需要，5月17日，甲公司将其对乙公司的应收账款与丙银行签订了一份有追索权的保理合同，双方为该份保理合同办理了公证手续。5月20日，乙公司接到了通知。

【请求权基础】

☆☆☆《民法典》第761条【保理合同的含义】保理合同是应收账款债权人将现有的或者将有的应收账款转让给保理人，保理人提供资金融通、应收账款管理或者催收、应收账款债务人付款担保等服务的合同。

☆☆☆《民法典》第762条【保理合同的主要内容】保理合同的内容一般包括业务类型、服务范围、服务期限、基础交易合同情况、应收账款信息、保理融资款或者服务报酬及其支付方式等条款。

保理合同应当采用书面形式。

---

① 杨立新：《后让与担保：一个正在形成的习惯法担保物权》，载《中国法学》2013年第3期。

☆☆☆《民法典》第763条【虚构应收账款的处理】应收账款债权人与债务人虚构应收账款作为转让标的，与保理人订立保理合同的，应收账款债务人不得以应收账款不存在为由对抗保理人，但是保理人明知虚构的除外。

☆☆☆《民法典》第764条【保理人的通知义务】保理人向应收账款债务人发出应收账款转让通知的，应当表明保理人身份并附有必要凭证。

☆☆☆《民法典》第765条【基础交易合同变更或终止对保理人的效力】应收账款债务人接到应收账款转让通知后，应收账款债权人与债务人无正当理由协商变更或者终止基础交易合同，对保理人产生不利影响的，对保理人不发生效力。

☆☆☆《民法典》第766条【有追索权保理的处理】当事人约定有追索权保理的，保理人可以向应收账款债权人主张返还保理融资款本息或者回购应收账款债权，也可以向应收账款债务人主张应收账款债权。保理人向应收账款债务人主张应收账款债权，在扣除保理融资款本息和相关费用后有剩余的，剩余部分应当返还给应收账款债权人。

☆☆☆《民法典》第767条【无追偿权保理的处理】当事人约定无追索权保理的，保理人应当向应收账款债务人主张应收账款债权，保理人取得超过保理融资款本息和相关费用的部分，无需向应收账款债权人返还。

☆☆☆《民法典》第768条【一债多保的处理】应收账款债权人就同一应收账款订立多个保理合同，致使多个保理人主张权利的，已经登记的先于未登记的取得应收账款；均已经登记的，按照登记时间的先后顺序取得应收账款；均未登记的，由最先到达应收账款债务人的转让通知中载明的保理人取得应收账款；既未登记也未通知的，按照保理融资款或者服务报酬的比例取得应收账款。

☆☆☆《民法典》第769条【债权转让规则的适用】本章没有规定的，适用本编第六章债权转让的有关规定。

三、共同担保和反担保

（一）共同担保

【请求权基础】

★★★《民法典》第392条【物保与人保并存的处理】被担保的债权既有物的担保又有人的担保的，债务人不履行到期债务或者发生当事人约定的实现担保物权的情形，债权人应当按照约定实现债权；没有约定或者约定不明确，债务人自己提供物的担保的，债权人应当先就该物的担保实现债权；第三人提供物的担保的，债权人可以就物的担保实现债权，也可以请求保证人承担保证责任。提供担保的第三人承担担保责任后，有权向债务人追偿。

[解读] 混合担保，是指在同一个债权债务关系中，既有物的担保，又有人的担保的情形。物的担保，是指以特定的物担保债权的实现，包括抵押权、质权和留置权；人的担保，是指以人的信用（信誉）担保债权的实现，即保证。

关于如何处理物的担保和人的担保的关系问题，理论上有不同的观点。

观点一：物的担保责任绝对优先说，又称“保证人绝对优待主义”。该观点认为，债权人应当首先向提供物保的担保人主张实现债权，只有就物的担保不能完全受偿时，才能转而请求保证人承担保证责任。《担保法》第28条持该观点。

该观点的理由是：物的担保可以直接支配特定担保财产，相比于请求保证人承担保证责任，物的担保对于债权的实现更为直接有效。

观点二：物的担保责任相对优先说，又称“保证人相对优待主义”。该观点认为，债权人可以选择行使担保权利，而保证人在承担保证责任之后可以向债务人追偿，并代位行使债权人享有的担保物权，债权人致使保证人可代位行使的担保物权消灭的，保证责任亦相应消灭。但如果债权人就物的担保实现了物权，物上担保人则不能向保证人追偿。

该观点的理由是：物上担保人承担的是以特定物的价值为限的有限责任，而保证人则是以其全部财产对债务负担无限责任。

观点三：物的担保责任和人的担保责任平等说，又称“平等主义”。该观点认为，债权人可以选择行使担保权利，已承担担保责任的担保人可向其他担保人追偿其应承担的份额。《担保法司法解释》第38条第1款①持该观点。

准确理解该条，应注意以下三点：

1. 如有约定，债权人应当按照约定实现债权。

2. 没有约定或约定不明，债权人应首先就债务人提供的物保实现债权。

3. 没有约定或约定不明，债权人可选择就保证或第三人提供的物保实现债权。

【实务拓展】混合担保中担保人之间是否可以互相追偿？

混合担保中担保人之间是否可以互相追偿的问题，《民法典》没有明确规定。

在新近的学术研究中，王利明教授持肯定说，崔建远教授持否定说，学者们依然存在着截然相反的观点，且各有理由。

肯定说的理由有二：

1. 允许担保人之间互相追偿符合公平的要求，如果混合担保中存在个别担保人承担全部担保责任，而其他担保人不承担任何担保责任，这对于承担了全部担保责任的担保人而言是不公平的。

2. 允许担保人之间互相追偿可以防范道德风险，根据本条规定，在没有约定的情况下，债权人可以选择就保证或第三人提供的物保实现债权，如果担保人之间不能互相追偿，则可能出现个别担保人与债权人恶意串通损害其他担保人利益的现象。

持否定说的理由有四：

1. 除非当事人之间另有约定，各担保人之间没有任何法律关系的存在，如果各担保人之间可以互相追偿，实质是法律强行在各担保人之间设定相互担保。

2. 程序上费时费力、不经济，因为担保人之间互相追偿后仍需向债务人追偿。

3. 履行了担保责任的担保人不能向其他担保人追偿恰恰是公平原则的体现，因为除非当事人之间另有规定，每个担保人在设定担保时，都明白自己面临的风险。即在承担担保责任后，只能向债务人追偿，如果债务人没有能力偿还，自己则会受到损失。

4. 向其他担保人追偿可操作性很差，因为确定追偿的份额是很难的，特别是在保证与担保物权并存的情况下。

《九民纪要》第56条【混合担保中担保人之间的追偿问题】亦持否定说，该条规定，

---

① 《担保法解释》第38条第1款：同一债权既有保证又有第三人提供物的担保的，债权人可以请求保证人或者物的担保人承担担保责任。当事人对保证担保的范围或者物的担保的范围没有约定或者约定不明的，承担了担保责任的担保人，可以向债务人追偿，也可以要求其他担保人清偿其应当分担的份额。

被担保的债权既有保证又有第三人提供的物的担保的，《担保法司法解释》第38条明确规定，承担了担保责任的担保人可以要求其他担保人清偿其应当分担的份额。但《物权法》第176条（《民法典》第392条）并未作出类似规定，根据《物权法》第178条关于“担保法与本法的规定不一致的，适用本法”的规定，承担了担保责任的担保人向其他担保人追偿的，人民法院不予支持，但担保人在担保合同中约定可以互相追偿的除外。

★★★《民法典》第699条【共同保证】同一债务有两个以上保证人的，保证人应当按照保证合同约定的保证份额，承担保证责任；没有约定保证份额的，债权人可以请求任何一个保证人在其保证范围内承担保证责任。

☆☆☆《民法典》第700条【保证人的追偿权】保证人承担保证责任后，除当事人另有约定外，有权在其承担保证责任的范围内向债务人追偿，享有债权人对债务人的权利，但是不得损害债权人的利益。

（二）反担保

【请求权基础】

★★★《民法典》第689条【反担保】保证人可以要求债务人提供反担保。

【主观工坊】2017年1月5日，天津众森实业股份有限公司（以下简称众森公司）以北京市海淀区一块地的建设用地使用权向中国工商银行天津市分行（以下简称工商银行）贷款200亿元，借期3年，双方签订了抵押合同并办理了抵押登记手续。众森公司的全资子公司天津滨海房地产开发有限公司（以下简称滨海公司）承担连带保证责任。2020年1月5日，众森公司无力还款，工商银行将众森公司和滨海公司诉至法院。工商银行请求法院判决先执行众森公司价值280亿元的建设用地使用权以实现债权。请问：

1. 抵押合同是要式合同还是不要式合同？
2. 工商银行是否具有法人资格？以谁的名义对外从事民事活动？
3. 滨海公司是否具有法人资格？以谁的名义对外从事民事活动？
4. 法院是否会支持工商银行的诉讼请求？为什么？

答：1. 要式合同（1分）。因为根据《民法典》第400条第1款的规定，设立抵押权，当事人应当采用书面形式（“书面形式”系采分点，1分）订立抵押合同。

2. 不具有（1分）；自己的名义（1分）。因为根据《民法典》第102条的规定，非法人组织是不具有法人资格，但是能够依法以自己的名义从事民事活动的组织。非法人组织包括个人独资企业、合伙企业、不具备法人资格的专业服务机构等。

3. 具有（1分）；自己的名义（1分）。因为根据《民法典》第57条的规定，法人是具有民事权利能力和民事行为能力，依法独立享有民事权利和承担民事义务的组织。

4. 会（1分）。因为被担保的债权既有物的担保又有人的担保的，债务人不履行到期债务且债务人自己提供物的担保的，债权人应当先（“应当先”系采分点，1分）就该物的担保实现债权。本案中，众森公司自己提供了建设用地使用权的抵押权且有滨海公司的连带保证。因此，工商银行依法有权请求先执行主债务人自己提供的物保，即建设用地使用权的抵押权。

法律依据：《民法典》第392条。

第六模块

意思表示

一、意思表示基础理论

【请求权基础】

★★★《民法典》第133条【民事法律行为的含义】民事法律行为是民事主体通过意思表示设立、变更、终止民事法律关系的行为。

★★★《民法典》第140条【意思表示的形式】行为人可以明示或者默示作出意思表示。

沉默只有在有法律规定、当事人约定或者符合当事人之间的交易习惯时，才可以视为意思表示。

★★★《民法典》第472条【要约的含义和要件】要约是希望与他人订立合同的意思表示，该意思表示应当符合下列条件：

（一）内容具体确定；

（二）表明经受要约人承诺，要约人即受该意思表示约束。

★★★《民法典》第479条【承诺的含义】承诺是受要约人同意要约的意思表示。

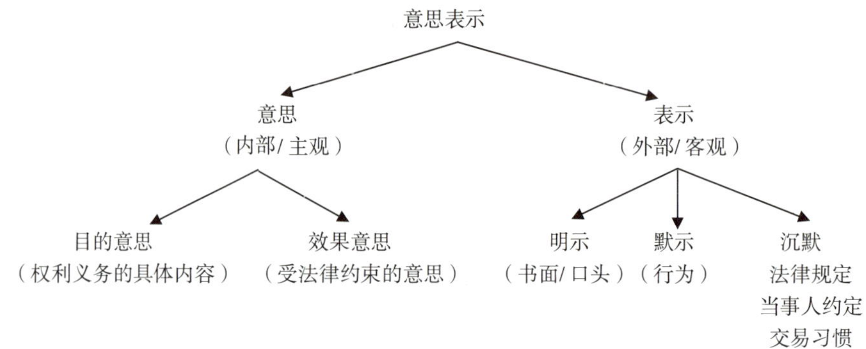

二、单方意思表示——悬赏广告

【请求权基础】

★★★《民法典》第139条【公告意思表示的生效时间】以公告方式作出的意思表示，公告发布时生效。

★★★《民法典》第499条【悬赏广告】悬赏人以公开方式声明对完成特定行为的人支付报酬的，完成该行为的人可以请求其支付。

[解读] 寻人、寻物启事是日常生活中比较常见的悬赏广告。关于悬赏广告的性质，学理上历来存在两种不同的学说。

观点一：单独行为说。悬赏广告系由广告一方之意思表示，负担债务，以一定行为之完成为其生效要件；换言之，一定行为之完成，并非系对广告而为承诺，而是债务发生之条件。

观点二：契约说（亦称要约说）。悬赏广告不是独立行为，而是对不特定人之要约。因此，必须与完成指定行为人之承诺相结合，其契约始能成立。

依王泽鉴教授所言，“悬赏广告法律性质之争论，严格言之，是一个法律学方法论上的问题，对具体问题之解决，并不因为采用何说而异，仅是说明方法不同而已①。”

【主观工坊】2017 年 3 月 2 日，孟某上班途中拾得一个皮包，内装提货单、现金等财物。孟某在现场等候了一会，未见失主。就携包上班。3 月 3 日，孟某见到报纸上登了一则启事，写明：“如有拾得者，酬谢 2000 元”。孟某见失主所寻找的正是自己拾得的皮包，便将皮包返还给失主。但在孟某向失主请求酬金时，被失主拒绝。请问：失主发布寻物启事的行为性质如何？为什么？

答案一：单方允诺之债（1 分）。因为以公告方式作出的意思表示，公告发布时（“发布时”系采分点，1 分）生效。本案中，失主发布寻物启事的行为系以公告方式作出的意思表示。因此，寻物启事的性质属于单方允诺之债。

法律依据：《民法典》第 139 条。

答案二：要约（1 分）。因为悬赏人以公开方式声明（“公开方式声明”系采分点，1 分）对完成特定行为的人支付报酬（“报酬”系采分点，1 分）的，完成该行为的人可以请求其支付。本案中，失主作为悬赏人以公开方式声明对完成特定行为的人支付报酬 2000 元。因此，寻物启事的性质属于要约。

法律依据：《民法典》第 499 条。

《最高人民法院公报案例》1995 年第 2 期

李珉诉朱晋华、李绍华悬赏广告酬金纠纷上诉案

1993 年 3 月，朱晋华在电影院看电影，散场时将一公文包遗忘在座位上，被李珉发现后捡起。同年 4 月 4 日、5 日和 7 日，朱晋华先后在当地报纸上刊登“寻包启示”，表示要“重谢”和“必有重谢”拾得人。4 月 12 日，朱晋华的朋友李绍华得知失包情况后，亦在报纸上刊登内容相同的“寻包启示”，声明“一周内有知情送还者酬谢 15000 元”。当晚，李珉得知以李绍华名义刊登的“寻包启事”，次日，双方在约定的时间和地点交接钱物。由于在给付酬金问题上，双方发生争执，李珉遂向法院提起诉讼，要求朱晋华、李绍华依其许诺支付报酬 15000 元。朱晋华、李绍华辩称：寻包启事许诺给付酬金不是其真实意思表示，且公文包内有李绍华单位及本人的联系线索，李珉不主动寻找失包人，物归原主，却等待酬金，请求法院驳回李珉的诉讼请求。

① 王泽鉴：《民法学说与判例研究》（第二册），北京大学出版社 2009 年版，第 53 页。

天津市中级人民法院二审审理认为，悬赏广告，系广告人以广告的方法，对完成一定行为的人给付报酬的行为。只要行为人依法完成了所指定的行为，广告人即负有给付报酬的义务。朱晋华、李绍华先后刊登“寻包启事”，即为一种悬赏广告。李绍华还明确表示“一周内有知情送还者酬谢15000元”，系向社会不特定人的要约。李珉，即悬赏广告中的行为人，在广告规定的“一周内”完成了广告指定的送还公文包的行为，则是对广告人的有效承诺，从而在李珉与朱晋华、李绍华之间形成了民事法律关系，即债权债务关系。朱晋华、李绍华负有广告中许诺的给付报酬义务。其辩称“寻包启事”许诺给付报酬不是真实的意思表示，事后反悔，拒绝给付李珉酬金15000元，有违诚实信用原则，是错误的，后双方当事人于1994年12月26日自愿达成协议：朱晋华、李绍华一次性给付李珉酬金8000元。

三、双方意思表示——电子合同

【请求权基础】

★★《民法典》第467条【无名合同的法律适用】本法或者其他法律没有明文规定的合同，适用本编通则的规定，并可以参照适用本编或者其他法律最相类似合同的规定。

在中华人民共和国境内履行的中外合资经营企业合同、中外合作经营企业合同、中外合作勘探开发自然资源合同，适用中华人民共和国法律。

☆☆☆《民法典》第469条【合同的形式】当事人订立合同，可以采用书面形式、口头形式或者其他形式。

书面形式是合同书、信件、电报、电传、传真等可以有形地表现所载内容的形式。

以电子数据交换、电子邮件等方式能够有形地表现所载内容，并可以随时调取查用的数据电文，视为书面形式。

★★★《民法典》第473条【要约邀请的含义和类型】要约邀请是希望他人向自己发出要约的表示。拍卖公告、招标公告、招股说明书、债券募集办法、基金招募说明书、商业广告和宣传、寄送的价目表等为要约邀请。

商业广告和宣传的内容符合要约条件的，构成要约。

☆☆☆《民法典》第491条【合同成立的时间】当事人采用信件、数据电文等形式订立合同要求签订确认书的，签订确认书时合同成立。

当事人一方通过互联网等信息网络发布的商品或者服务信息符合要约条件的，对方选择该商品或者服务并提交订单成功时合同成立，但是当事人另有约定的除外。

☆☆☆《民法典》第512条【电子合同的履行】通过互联网等信息网络订立的电子合同的标的为交付商品并采用快递物流方式交付的，收货人的签收时间为交付时间。电子合同的标的为提供服务的，生成的电子凭证或者实物凭证中载明的时间为提供服务时间；前述凭证没有载明时间或者载明时间与实际提供服务时间不一致的，以实际提供服务的时间为准。

电子合同的标的物为采用在线传输方式交付的，合同标的进入对方当事人指定的特定系统且能够检索识别的时间为交付时间。

电子合同当事人对交付商品或者提供服务的方式、时间另有约定的，按照其约定。

例：2015年3月16日，孟某在天猫商城从A公司经营的“虹山本草旗舰店”购买石斛枫斗11件，单价390元，促销价138元，实际付款1518元，订单编号为8977，收货人及地址为孟先生、北京市海淀区幸福小区2号楼2单元402室，运送方式为快递，物流公司为圆通速递，运单号为1002。关于本案：

1. 孟某与A公司所订合同系采书面形式；
2. A公司发布的商品信息构成要约，孟某选择该商品并提交订单构成承诺；
3. 孟某选择该商品并提交订单成功时，合同成立；
4. 孟某签收时间为A公司向孟某交付标的物的时间。

四、意思表示的内容——格式合同

【请求权基础】

★★★《民法典》第496条【格式合同】格式条款是当事人为了重复使用而预先拟定，并在订立合同时未与对方协商的条款。

采用格式条款订立合同的，提供格式条款的一方应当遵循公平原则确定当事人之间的权利和义务，并采取合理的方式提示对方注意免除或者减轻其责任等与对方有重大利害关系的条款，按照对方的要求，对该条款予以说明。提供格式条款的一方未履行提示或者说明义务，致使对方没有注意或者理解与其有重大利害关系的条款的，对方可以主张该条款不成为合同的内容。

★★★《民法典》第497条【格式条款无效的情形】有下列情形之一的，该格式条款无效：

（一）具有本法第一编第六章第三节和本法第五百零六条规定的无效情形；

（二）提供格式条款一方不合理地免除或者减轻其责任、加重对方责任、限制对方主要权利；

（三）提供格式条款一方排除对方主要权利。

★★★《民法典》第498条【格式条款的解释】对格式条款的理解发生争议的，应当按照通常理解予以解释。对格式条款有两种以上解释的，应当作出不利于提供格式条款一方的解释。格式条款和非格式条款不一致的，应当采用非格式条款。

五、意思表示的效力——合同效力

（一）成立VS生效

民事法律行为的成立VS生效	
成立	生效
事实判断（客观存在与否）	价值判断（能否发生当事人意欲发生的法律效果）
除实践性民事法律行为外，意思表示合意即可	意思表示合法且真实

（二）四类效力体系

民事法律行为的效力
- 有效的民事法律行为（四要件）
- 无效的民事法律行为（五情形）
- 效力待定的民事法律行为（二情形）
- 可撤销的民事法律行为（四情形）

民事法律行为的效力体系框架图

1. 有效的民事法律行为

【请求权基础】

★★★《民法典》第143条【有效的民事法律行为】具备下列条件的民事法律行为有效：

（一）行为人具有相应的民事行为能力；

（二）意思表示真实；

（三）不违反法律、行政法规的强制性规定，不违背公序良俗。

民事法律行为自成立时生效，但是法律另有规定或当事人另有约定的除外。有效的民事法律行为必须同时满足如下四个要件，缺一不可。我们用一个4字口诀来记忆，即“强、公、主、意”。其中：

（1）“强”代表不违反法律、行政法规的强制性规定；

（2）“公”代表不违背公序良俗；

（3）“主”代表主体（行为人）具有相应的民事行为能力；

（4）“意”代表意思表示真实。

有效的民事法律行为必须同时满足如上四个要件，缺一不可。

2. 无效的民事法律行为

（1）违反法律、行政法规的效力性强制性规定或违背公序良俗。

【请求权基础】

★★★《民法典》第153条【无效的民事法律行为】违反法律、行政法规的强制性规定的民事法律行为无效。但是，该强制性规定不导致该民事法律行为无效的除外。

违背公序良俗的民事法律行为无效。

强制性规定分为效力性强制性规定和管理性（取缔性）强制性规定。至于哪些强制性规定属于效力性强制性规定、哪些强制性规定又属于管理性（取缔性）强制性规定，仍然是民事领域的未解之谜。从应试的角度而言，诉讼时效制度和物权法定中的内容法定一般被认定为效力性强制性规定，当事人在民事法律行为（合同）中任意约定或改变法律规定的，无效。商品房买卖合同和房屋租赁合同中的备案登记制度则属于典型的管理性（取缔性）强制性规定，对该规定的违反，并不会导致民事法律行为（合同）无效，民事法律行为依然有效。

［萌主点拨1］许可证制度

①商品房买卖合同

出卖人未取得商品房预售许可证明，与买受人订立的商品房预售合同，应当认定无效，但是在起诉前取得商品房预售许可证明的，可以认定有效。

②房屋租赁合同

出租人就未取得建设工程规划许可证或者未按照建设工程规划许可证的规定建设的房屋，与承租人订立的租赁合同无效。但在一审法庭辩论终结前取得建设工程规划许可证或者经主管部门批准建设的，人民法院应当认定有效。

出租人就未经批准或者未按照批准内容建设的临时建筑，与承租人订立的租赁合同无效。但在一审法庭辩论终结前经主管部门批准建设的，人民法院应当认定有效。

租赁期限超过临时建筑的使用期限，超过部分无效。但在一审法庭辩论终结前经主管部门批准延长使用期限的，人民法院应当认定延长使用期限内的租赁期间有效。

③建设工程施工合同

当事人以发包人未取得建设工程规划许可证等规划审批手续为由，请求确认建设工程施工合同无效的，人民法院应予支持，但发包人在起诉前取得建设工程规划许可证等规划审批手续的除外。

发包人能够办理审批手续而未办理，并以未办理审批手续为由请求确认建设工程施工合同无效的，人民法院不予支持。

[萌主点拨 2] 备案登记制度

①商品房买卖合同

当事人以商品房预售合同未按照法律、行政法规规定办理登记备案手续为由，请求确认合同无效的，不予支持。

当事人约定以办理登记备案手续为商品房预售合同生效条件的，从其约定，但当事人一方已经履行主要义务，对方接受的除外。（注意：履行治愈规则）

②房屋租赁合同

【请求权基础】

《民法典》第 706 条【备案登记手续】当事人未依照法律、行政法规规定办理租赁合同登记备案手续的，不影响合同的效力。

（2）行为人与相对人以虚假的意思表示实施的民事法律行为。

【请求权基础】

★★★《民法典》第 146 条【虚假的意思表示和隐藏行为】行为人与相对人以虚假的意思表示实施的民事法律行为无效。

以虚假的意思表示隐藏的民事法律行为的效力，依照有关法律规定处理。

虚假的意思表示，又称虚伪表示或伪装表示，其法律概念源于德国民法（第 117 条第 1 款），后被日（第 94 条）、韩（第 108 条）、我国台湾地区（第 87 条第 1 款）等民法所采。所谓“虚伪表示”是指表意人与相对人通谋而为虚假的意思表示。因此，也可称为“通谋虚伪表示”。通谋虚伪表示以表意人与相对人的意思联络为核心，如果不存在通谋的意思联络，则不构成通谋虚伪表示。在实务中，通谋虚伪表示表现为“阴阳合同”。

为何虚假的意思表示无效呢？

原因在于：这一“意思表示”所指向的法律效果并非双方当事人的内心真意，双方对此相互知晓，如果认定其为有效，有悖于意思自治原则。

（3）恶意串通损害他人合法权益。

【请求权基础】

★★★《民法典》第 154 条【无效的民事法律行为】行为人与相对人恶意串通，损害他人合法权益的民事法律行为无效。

恶意串通，是指行为人与相对人互相勾结，为谋取私利而实施的损害他人合法权益的民事法律行为。

[萌主点拨] 部分有效，部分无效。

【请求权基础】

★★★《民法典》第 156 条【民事法律行为部分无效的效力】民事法律行为部分无

效，不影响其他部分效力的，其他部分仍然有效。

★★《民法典》第586条【定金责任】当事人可以约定一方向对方给付定金作为债权的担保。定金合同自实际交付定金时成立。

定金的数额由当事人约定；但是，不得超过主合同标的额的百分之二十，超过部分不产生定金的效力。实际交付的定金数额多于或者少于约定数额的，视为变更约定的定金数额。

★★★《民法典》第497条【格式条款无效的情形】有下列情形之一的，该格式条款无效：

（一）具有本法第一编第六章第三节和本法第五百零六条规定的无效情形；

（二）提供格式条款一方不合理地免除或者减轻其责任、加重对方责任、限制对方主要权利；

（三）提供格式条款一方排除对方主要权利。

★★★《民法典》第506条【免责条款无效的情形】合同中的下列免责条款无效：

（一）造成对方人身损害的；

（二）因故意或者重大过失造成对方财产损失的。

★★《民法典》第705条【租赁期限】租赁期限不得超过二十年。超过二十年的，超过部分无效。

租赁期限届满，当事人可以续订租赁合同；但是，约定的租赁期限自续订之日起不得超过二十年。

3. 效力待定的民事法律行为

效力待定的民事法律行为，是指民事法律行为成立后，是否能发生效力尚不能确定，有待于其他行为或事实使之确定的民事法律行为。

【请求权基础】

★★★《民法典》第145条【限制民事行为能力人实施的民事法律行为的效力】限制民事行为能力人实施的纯获利益的民事法律行为或与其年龄、智力、精神健康状况相适应的民事法律行为有效；实施的其他民事法律行为经法定代理人同意或追认后有效。

相对人可以催告法定代理人自收到通知之日起三十日内予以追认。法定代理人未作表示的，视为拒绝追认。民事法律行为被追认前，善意相对人有撤销的权利。撤销应当以通知的方式（简单形成权）作出。

★★★《民法典》第171条【无权代理】行为人没有代理权、超越代理权或者代理权终止后，仍然实施代理行为，未经被代理人追认的，对被代理人不发生效力。

相对人可以催告被代理人自收到通知之日起三十日内予以追认。被代理人未作表示的，视为拒绝追认。行为人实施的行为被追认前，善意相对人有撤销的权利。撤销应当以通知的方式作出。

行为人实施的行为未被追认的，善意相对人有权请求行为人履行债务或者就其受到的损害请求行为人赔偿。但是，赔偿的范围不得超过被代理人追认时相对人所能获得的利益。

相对人知道或者应当知道行为人无权代理的，相对人和行为人按照各自的过错承担责任。

4. 可撤销的民事法律行为

（1）重大误解

【请求权基础】

★★★《民法典》第147条【可撤销的民事法律行为之重大误解】基于重大误解实施的民事法律行为，行为人有权请求人民法院或者仲裁机构予以撤销。

重大误解，是指行为人因对行为的性质、对方当事人、标的物的品种、质量、规格和数量等的错误认识，使行为的后果与自己的意思相悖，并造成较大损失。

［萌主点拨1］对行为的性质认识错误。

误把有偿当无偿，即误把买卖合同当成赠与合同。其中，难点在于如何区分重大误解和非意思表示行为。

［萌主点拨2］对对方当事人的认识错误。

对对方当事人的认识错误构成重大误解，但不包括对自然人民事行为能力的认识错误，因为未成年人之保护，优先于交易安全及相对人的信赖系民法之基本原则。

［萌主点拨3］对标的物的认识错误。

对标的物的哪些要素认识错误属于重大误解呢？品种、规格、数量、质量等。

（2）欺诈

【请求权基础】

《民法典》第148条【可撤销的民事法律行为之欺诈】一方以欺诈手段，使对方在违背真实意思的情况下实施的民事法律行为，受欺诈方有权请求人民法院或者仲裁机构予以撤销。

《民法典》第149条【可撤销的民事法律行为之第三人欺诈】第三人实施欺诈行为，使一方在违背真实意思的情况下实施的民事法律行为，对方知道或者应当知道该欺诈行为的，受欺诈方有权请求人民法院或者仲裁机构予以撤销。

［萌主点拨］商品房买卖合同

在期房买卖（预售）中开发商告知买方未来小区内有网球场、游泳池、健身馆、购物广场、大型超市、轨道交通等配套设施①，后交房时发现并不存在。

产权欺诈系因房地产开发企业（商事主体）欺诈而导致购房人房屋所有权无法获得的情形，受欺诈方可以请求不超过已付购房款1倍的赔偿。具体而言，共包括5种情形，分别是：

1. 一房数卖；
2. 先卖后抵（抵押）；
3. 先押后卖；
4. （故意隐瞒没有或提供虚假）商品房预售许可证；
5. 拆迁安置补偿房屋。

（3）胁迫

---

① 从给付义务：第一层：从给付义务的违反构成违约，可以追究违约责任；第二层：原则上不可以解除合同，除非构成根本违约；第三层：从给付义务的违反并不影响风险转移；第四层：从给付义务的违反不构成重大误解；第五层：从给付义务的违反不得主张惩罚性赔偿。

【请求权基础】

《民法典》第150条【可撤销的民事法律行为之胁迫】一方或者第三人以胁迫手段，使对方在违背真实意思的情况下实施的民事法律行为，受胁迫方有权请求人民法院或者仲裁机构予以撤销。

胁迫，是指以给公民及其亲友的生命健康、荣誉、名誉、财产等造成损害，或以给法人的荣誉、名誉、财产等造成损害为要挟，迫使对方作出违背真实的意思表示。

胁迫的对象包括自然人（本人及其亲友）或法人。

胁迫的内容是民事权益，包括人身利益和财产利益。

胁迫的核心是胁迫人不正当的预告危害而使受胁迫方陷入恐惧或害怕的心理状态，至于手段如何、是否真实、谁实施的均在所不问。

（4）显失公平

【请求权基础】

★★★《民法典》第151条【可撤销的民事法律行为之显失公平】一方利用对方处于危困状态、缺乏判断能力等情形，致使民事法律行为成立时显失公平的，受损害方有权请求人民法院或者仲裁机构予以撤销。

［萌主点拨］撤销权的消灭

【请求权基础】

《民法典》第152条【撤销权的消灭】有下列情形之一的，撤销权消灭：

（一）当事人自知道或者应当知道撤销事由之日起一年内、重大误解的当事人自知道或者应当知道撤销事由之日起九十日内没有行使撤销权；

（二）当事人受胁迫，自胁迫行为终止之日起一年内没有行使撤销权。

（三）当事人知道撤销事由后明确表示或者以自己的行为表明放弃撤销权。

当事人自民事法律行为发生之日起五年内没有行使撤销权的，撤销权消灭。

六、意思表示的独立性

★★★《民法典》第507条【争议解决条款的独立性】合同不生效、无效、被撤销或者终止的，不影响合同中有关解决争议方法的条款的效力。

七、特殊的意思表示——附条件和附期限的合同

【请求权基础】

★★★《民法典》第158条【附条件的民事法律行为】民事法律行为可以附条件，但是根据其性质不得附条件的除外。附生效条件的民事法律行为，自条件成就时生效。附解除条件的民事法律行为，自条件成就时失效。

★★★《民法典》第159条【拟制效力】附条件的民事法律行为，当事人为自己的利益不正当地阻止条件成就的，视为条件已经成就；不正当地促成条件成就的，视为条件不成就。

★★《民法典》第160条【附期限的民事法律行为】民事法律行为可以附期限，但是根据其性质不得附期限的除外。附生效期限的民事法律行为，自期限届至时生效。附终止期限的民事法律行为，自期限届满时失效。

八、意思表示的解释规则

【请求权基础】

★★★《民法典》第142条【意思表示的解释】有相对人的意思表示的解释，应当按照所使用的词句，结合相关条款、行为的性质和目的、习惯以及诚信原则，确定意思表示的含义。

无相对人的意思表示的解释，不能完全拘泥于所使用的词句，而应当结合相关条款、行为的性质和目的、习惯以及诚信原则，确定行为人的真实意思。

★★★《民法典》第466条【合同条款的解释】当事人对合同条款的理解有争议的，应当依据本法第一百四十二条第一款的规定，确定争议条款的含义。

合同文本采用两种以上文字订立并约定具有同等效力的，对各文本使用的词句推定具有相同含义。各文本使用的词句不一致的，应当根据合同的相关条款、性质、目的以及诚信原则等予以解释。

★★★《民法典》第498条【格式条款的解释】对格式条款的理解发生争议的，应当按照通常理解予以解释。对格式条款有两种以上解释的，应当作出不利于提供格式条款一方的解释。格式条款和非格式条款不一致的，应当采用非格式条款。

☆☆☆《民法典》第1021条【肖像使用权的解释】当事人对肖像许可使用合同中关于肖像使用条款的理解有争议的，应当作出有利于肖像权人的解释。

第七模块

合同的履行

一、合同履行的原则

【请求权基础】

★★《民法典》第509条【合同的履行原则】当事人应当按照约定全面履行自己的义务。

当事人应当遵循诚信原则，根据合同的性质、目的和交易习惯履行通知、协助、保密等义务。

当事人在履行合同过程中，应当避免浪费资源、污染环境和破坏生态。

二、合同内容的补充

【请求权基础】

★★《民法典》第510条【合同内容的补充】合同生效后，当事人就质量、价款或者报酬、履行地点等内容没有约定或者约定不明确的，可以协议补充；不能达成补充协议的，按照合同相关条款或者交易习惯确定。

★★《民法典》第511条【约定不明的履行规则】当事人就有关合同内容约定不明确，依据前条规定仍不能确定的，适用下列规定：

（一）质量要求不明确的，按照强制性国家标准履行；没有强制性国家标准的，按照推荐性国家标准履行；没有推荐性国家标准的，按照行业标准履行；没有国家标准、行业标准的，按照通常标准或者符合合同目的的特定标准履行。

（二）价款或者报酬不明确的，按照订立合同时履行地的市场价格履行；依法应当执行政府定价或者政府指导价的，依照规定履行。

（三）履行地点不明确，给付货币的，在接受货币一方所在地履行；交付不动产的，在不动产所在地履行；其他标的，在履行义务一方所在地履行。

（四）履行期限不明确的，债务人可以随时履行，债权人也可以随时请求履行，但是应当给对方必要的准备时间。

（五）履行方式不明确的，按照有利于实现合同目的的方式履行。

（六）履行费用的负担不明确的，由履行义务一方负担；因债权人原因增加的履行费用，由债权人负担。

★★《民法典》第513条【合同价格】执行政府定价或者政府指导价的，在合同约定的交付期限内政府价格调整时，按照交付时的价格计价。逾期交付标的物的，遇价格上涨时，按照原价格执行；价格下降时，按照新价格执行。逾期提取标的物或者逾期付款的，遇价格上涨时，按照新价格执行；价格下降时，按照原价格执行。

三、第三人利益合同

【请求权基础】

★★★《民法典》第 522 条【向第三人履行的合同】当事人约定由债务人向第三人履行债务，债务人未向第三人履行债务或者履行债务不符合约定的，应当向债权人承担违约责任。

法律规定或者当事人约定第三人可以直接请求债务人向其履行债务，第三人未在合理期限内明确拒绝，债务人未向第三人履行债务或者履行债务不符合约定的，第三人可以请求债务人承担违约责任；债务人对债权人的抗辩，可以向第三人主张。

［解读］向第三人履行的合同，又称第三人利益合同，是指合同双方当事人为第三人设定了合同权利，由第三人取得利益的合同。

第三人利益合同系涉他合同，涉他合同是合同相对性原理的例外。涉他合同广泛出现在保险业、运输业、金融业等行业中，各国也逐渐通过判例或者法律明确规定承认涉他合同及其相应的效力。

根据第三人是否享有履行请求权，将第三人利益合同分为不真正利他合同和真正的利他合同。

本条第 2 款属于新增制度，系真正的利他合同。其特点在于虽然第三人并非合同的当事人，但是合同的效力可以拓展到非合同当事人的第三人，第三人可以取得履行请求权。

法律规定第三人可以直接请求债务人向其履行的情形，如《保险法》第 18 条第 3 款的规定："受益人是指人身保险合同中由被保险人或者投保人指定的享有保险金请求权的人。投保人、被保险人可以为受益人。"按照该条规定，在发生特定情形时，受益人作为非人身保险合同的当事人，可以直接请求保险人支付保险金。

【实务拓展】

在司法实践中，要准确适用本条规定，重点区分不真正利他合同和真正的利他合同，进而准确适用本条的不同条款。作为广义上向第三人履行合同的不同类型，两者的核心区别在于：法律规定或合同约定是否给予第三人以直接向债务人请求履行的权利。

四、由第三人履行和第三人代为履行

【请求权基础】

★★★《民法典》第 523 条【由第三人履行】当事人约定由第三人向债权人履行债务，第三人不履行债务或者履行债务不符合约定的，债务人应当向债权人承担违约责任。

［解读］由第三人履行的合同，又称第三人负担合同，是指合同当事人约定由第三人履行债务的合同。

第三人负担合同系涉他合同，涉他合同是合同相对性原理的例外。

★★★《民法典》第 524 条【第三人代为履行】债务人不履行债务，第三人对履行该债务具有合法利益的，第三人有权向债权人代为履行；但是，根据债务性质、按照当事人约定或者依照法律规定只能由债务人履行的除外。

债权人接受第三人履行后，其对债务人的债权转让给第三人，但是债务人和第三人另有约定的除外。

五、双务合同履行三大抗辩权

【请求权基础】

★★《民法典》第525条【同时履行抗辩权】当事人互负债务，没有先后履行顺序的，应当同时履行。一方在对方履行之前有权拒绝其履行请求。一方在对方履行债务不符合约定时，有权拒绝其相应的履行请求。

★★《民法典》第526条【先履行抗辩权】当事人互负债务，有先后履行顺序，应当先履行债务一方未履行的，后履行一方有权拒绝其履行请求。先履行一方履行债务不符合约定的，后履行一方有权拒绝其相应的履行请求。

★★★《民法典》第527条【不安抗辩权】应当先履行债务的当事人，有确切证据证明对方有下列情形之一的，可以中止履行：

（一）经营状况严重恶化；

（二）转移财产、抽逃资金，以逃避债务；

（三）丧失商业信誉；

（四）有丧失或者可能丧失履行债务能力的其他情形。

当事人没有确切证据中止履行的，应当承担违约责任。

★★★《民法典》第528条【不安抗辩权的行使】当事人依据前条规定中止履行的，应当及时通知对方。对方提供适当担保的，应当恢复履行。中止履行后，对方在合理期限内未恢复履行能力且未提供适当担保的，视为以自己的行为表明不履行主要债务，中止履行的一方可以解除合同并可以请求对方承担违约责任。

六、合同履行的特殊情况

【请求权基础】

★★★《民法典》第529条【履行困难】债权人分立、合并或者变更住所没有通知债务人，致使履行债务发生困难的，债务人可以中止履行或者将标的物提存。

★★《民法典》第530条【提前履行】债权人可以拒绝债务人提前履行债务，但是提前履行不损害债权人利益的除外。

债务人提前履行债务给债权人增加的费用，由债务人负担。

★★《民法典》第531条【部分履行】债权人可以拒绝债务人部分履行债务，但是部分履行不损害债权人利益的除外。

债务人部分履行债务给债权人增加的费用，由债务人负担。

★★《民法典》第532条【当事人变更不影响合同的履行】合同生效后，当事人不得因姓名、名称的变更或者法定代表人、负责人、承办人的变动而不履行合同义务。

★★《民法典》第534条【合同的监管】对当事人利用合同实施危害国家利益、社会公共利益行为的，市场监督管理和其他有关行政主管部门依照法律、行政法规的规定负责监督处理。

第八模块

合同的变更和转让

一、合同的变更

【请求权基础】

★★《民法典》第 543 条【合同变更的一般规定】当事人协商一致，可以变更合同。

★★《民法典》第 544 条【变更不明的确定】当事人对合同变更的内容约定不明确的，推定为未变更。

二、合同的转让

（一）债权转让

【请求权基础】

★★★《民法典》第 545 条【债权让与的禁止】债权人可以将债权的全部或者部分转让给第三人，但是有下列情形之一的除外：

（一）根据债权性质不得转让；

（二）按照当事人约定不得转让；

（三）依照法律规定不得转让。

当事人约定非金钱债权不得转让的，不得对抗善意第三人。当事人约定金钱债权不得转让的，不得对抗第三人。

★★★《民法典》第 546 条【债权转让中债权人的通知义务】债权人转让债权，未通知债务人的，该转让对债务人不发生效力。

债权转让的通知不得撤销，但是经受让人同意的除外。

★★★《民法典》第 547 条【从债权的附随性】债权人转让债权的，受让人取得与债权有关的从权利，但是该从权利专属于债权人自身的除外。

受让人取得从权利不因该从权利未办理转移登记手续或者未转移占有而受到影响。

★★★《民法典》第 548 条【债务人的抗辩权】债务人接到债权转让通知后，债务人对让与人的抗辩，可以向受让人主张。

★★★《民法典》第 549 条【债务抵销】有下列情形之一的，债务人可以向受让人主张抵销：

（一）债务人接到债权转让通知时，债务人对让与人享有债权，且债务人的债权先于转让的债权到期或者同时到期；

（二）债务人的债权与转让的债权是基于同一合同产生。

☆☆☆《民法典》第550条【费用承担】因债权转让增加的履行费用，由让与人负担。

（二）债务承担

【请求权基础】

★★★《民法典》第551条【债务转移】债务人将债务的全部或者部分转移给第三人的，应当经债权人同意。

债务人或者第三人可以催告债权人在合理期限内予以同意，债权人未作表示的，视为不同意。

☆☆☆《民法典》第552条【并存的债务承担】第三人与债务人约定加入债务并通知债权人，或者第三人向债权人表示愿意加入债务，债权人未在合理期限内明确拒绝的，债权人可以请求第三人在其愿意承担的债务范围内和债务人承担连带债务。

★★★《民法典》第553条【抗辩权的移转和抵销的禁止】债务人转移债务的，新债务人可以主张原债务人对债权人的抗辩；原债务人对债权人享有债权的，新债务人不得向债权人主张抵销。

★★★《民法典》第554条【从债务的附属性】债务人转移债务的，新债务人应当承担与主债务有关的从债务，但是该从债务专属于原债务人自身的除外。

第九模块

合同权利义务的终止

根据《民法典》第557条的规定，有下列情形之一的，债权债务终止：（一）债务已经履行；（二）债务相互抵销；（三）债务人依法将标的物提存；（四）债权人免除债务；（五）债权债务同归于一人；（六）法律规定或者当事人约定终止的其他情形。合同解除的，该合同的权利义务关系终止。同时，根据《民法典》第558条的规定，债权债务终止后，当事人应当遵循诚信等原则，根据交易习惯履行通知、协助、保密、旧物回收等义务。

一、清偿

（一）清偿抵充

【请求权基础】

★★★《民法典》第560条【清偿抵充】债务人对同一债权人负担的数项债务种类相同，债务人的给付不足以清偿全部债务的，除当事人另有约定外，由债务人在清偿时指定其履行的债务。

债务人未作指定的，应当优先履行已经到期的债务；数项债务均到期的，优先履行对债权人缺乏担保或者担保最少的债务；均无担保或者担保相等的，优先履行债务人负担较重的债务；负担相同的，按照债务到期的先后顺序履行；到期时间相同的，按照债务比例履行。

［萌土点拨］清偿抵充★★★

第一笔	2019年7月1日—2020年7月1日	1万元	无利息
第二笔	2019年8月1日—2020年8月1日	1万元	年利率10%
第三笔	2019年9月1日—2020年9月1日	1万元	年利率10%
第四笔	2019年10月1日—2020年10月1日	1万元	年利率12%
第五笔	2019年11月1日—2020年11月1日	1万元	保证

（二）清偿顺位

【请求权基础】

☆☆☆《民法典》第561条【清偿顺位】债务人在履行主债务外还应当支付利息和实现债权的有关费用，其给付不足以清偿全部债务的，除当事人另有约定外，应当按照下列顺序履行：

（一）实现债权的有关费用；

（二）利息；

（三）主债务。

二、合同解除权

合同解除｛双方解除（协议解除）
　　　　　单方解除｛约定解除
　　　　　★★★　　法定解除｛一般法定解除权
　　　　　　　　　　　　　　特殊法定解除权（任意解除权）

【请求权基础】

★★★《民法典》第562条【约定解除权】当事人协商一致，可以解除合同。

当事人可以约定一方解除合同的事由。解除合同的事由发生时，解除权人可以解除合同。

★★★《民法典》第563条【法定解除权】有下列情形之一的，当事人可以解除合同：

（一）因不可抗力致使不能实现合同目的；

（二）在履行期限届满前，当事人一方明确表示或者以自己的行为表明不履行主要债务；

（三）当事人一方迟延履行主要债务，经催告后在合理期限内仍未履行；

（四）当事人一方迟延履行债务或者有其他违约行为致使不能实现合同目的；

（五）法律规定的其他情形。

以持续履行的债务为内容的不定期合同，当事人可以随时解除合同，但是应当在合理期限之前通知对方。

☆☆☆《民法典》第533条【情势变更】合同成立后，合同的基础条件发生了当事人在订立合同时无法预见的、不属于商业风险的重大变化，继续履行合同对于当事人一方明显不公平的，受不利影响的当事人可以与对方重新协商；在合理期限内协商不成的，当事人可以请求人民法院或者仲裁机构变更或者解除合同。

人民法院或者仲裁机构应当结合案件的实际情况，根据公平原则变更或者解除合同。

［解读］情势变更制度，是指合同有效成立后，因不可归责于双方当事人的原因发生了不可预见的情势变更，致使合同的基础动摇或者丧失，若继续履行合同会显失公平。因此，允许变更合同或者解除合同的制度。

情势变更主要表现为：

1. 疫情及其防控措施；

2. 价格异常涨落；

3. 政策变化或法律规范变化；（房屋限购、限贷政策、法律规范变化也是一种情势变更事由。近年来，在审判实践中，因涉限购、限贷等政策变化或法规变化，当事人诉请解除房屋买卖合同等的纠纷并不少见）

4. 政府行为。（如因政府规划调整、变化，导致继续履行对一方明显不公平的，该政府行为也为情势变更事由）

（一）情势变更与不可抗力

不可抗力与情势变更并非互相排斥的两个概念。两者都规范当事人在订立合同时不能预见、不能承受的其支配领域外的客观风险。但两者也存在不同。不可抗力需具备“三不”要件，即不能预见、不能避免且不能克服。一般表现为自然灾难、政府行为、社会事件等。情势变更则具备“二不”要件，即不能预见、不能承受（对一方而言，如果继续履行将明显不公平）。正因为不可抗力的构成要件严于情势变更的构成要件，所以，两者存在交叉，不可抗力可以作为情势变更事由，但情势变更不会直接导致不可抗力。不可抗力为因，情势变更为果。

（二）情势变更与商业风险

商业风险，是指在商业活动中，由于不确定因素存在而给交易主体带来的遭受损失的可能性。商业风险是从事商业活动的固有风险，作为合同基础的客观情况的变化未达到异常的程度，并非当事人不可预见、不能承受。一般的市场供求变化、价格涨落等属于此类。

（三）再交涉义务

再交涉义务，是指在情势变更导致当事人之间权益失衡显失公平时，当事人双方负有就合同的变更或者解除进行协商、交涉以达成合意的义务。

再交涉义务规则是根据诚信原则，以促进和保障当事人的自主交涉为目的的行为规范。

（四）裁决解除

1. 裁决机构是人民法院或者仲裁机构；

2. 须依当事人请求；

3. 基于促进交易、增加社会财富的考虑，在进行裁决时，应根据个案情况，最大限度地变更，但若无法通过变更合同的方式消除当事人之间显失公平的法律后果，则应裁决解除合同；

★★★《民法典》第 564 条【合同解除权的期限限制】法律规定或者当事人约定解除权行使期限，期限届满当事人不行使的，该权利消灭。

法律没有规定或者当事人没有约定解除权行使期限，自解除权人知道或者应当知道解除事由之日起一年内不行使，或者经对方催告后在合理期限内不行使的，该权利消灭。

★★★《民法典》第 565 条【解除权的行使】当事人一方依法主张解除合同的，应当通知对方。合同自通知到达对方时解除；通知载明债务人在一定期限内不履行债务则合同自动解除，债务人在该期限内未履行债务的，合同自通知载明的期限届满时解除。对方对解除合同有异议的，任何一方当事人均可以请求人民法院或者仲裁机构确认解除行为的效力。

当事人一方未通知对方，直接以提起诉讼或者申请仲裁的方式依法主张解除合同，人民法院或者仲裁机构确认该主张的，合同自起诉状副本或者仲裁申请书副本送达对方时解除。

★★★《民法典》第 566 条【合同解除的法律后果】合同解除后，尚未履行的，终止履行；已经履行的，根据履行情况和合同性质，当事人可以请求恢复原状或者采取其他补救措施，并有权请求赔偿损失。

合同因违约解除的，解除权人可以请求违约方承担违约责任，但是当事人另有约定的除外。

主合同解除后，担保人对债务人应当承担的民事责任仍应当承担担保责任，但是担保合同另有约定的除外。

★★★《民法典》第567条【合同解除的效力范围】合同的权利义务关系终止，不影响合同中结算和清理条款的效力。

［萌主点拨］合同僵局和违约方的解除权

合同僵局，主要是指在长期性合同中，一方因为经济形势变化、履约能力等原因，导致不可能履行长期性合同，需要提前解约，而另一方拒绝解除合同。

从审判实践来看，出现合同僵局大多是因为合同难以继续履行，或者事实上不可能实际履行。在违约的债务人不能履行合同的情况下，债务人虽然可以援引《民法典》第580条来对抗债权人的实际履行主张，但合同关系并不因此消灭，债务在合同预定的期限内始终存在。

如何处理？

允许违约方提出解除权，法院自由裁量。

《九民纪要》第48条【违约方起诉解除】违约方不享有单方解除合同的权利。但是，在一些长期性合同如房屋租赁合同履行过程中，双方形成合同僵局，一概不允许违约方通过起诉的方式解除合同，有时对双方都不利。在此前提下，符合下列条件，违约方起诉请求解除合同的，人民法院依法予以支持：

（1）违约方不存在恶意违约的情形；

（2）违约方继续履行合同，对其显失公平；

（3）守约方拒绝解除合同，违反诚实信用原则。

人民法院判决解除合同的，违约方本应当承担的违约责任不能因解除合同而减少或免除。

《最高人民法院公报案例》2006年第6期

新宇公司诉冯某商铺买卖合同纠纷案

1998年10月19日，新宇公司与冯某签订了一份商铺买卖合同，约定：新宇公司向冯某出售时代广场第二层编号为2B050的商铺，建筑面积22.50平方米，总价款368184元。合同签订后，冯某按约支付了全部价款。1998年11月3日，新宇公司将2B050号商铺交付冯某使用，但一直未办理产权过户手续。时代广场两次停业。新宇公司的新股东为盘活资产、重新开业，拟对时代广场的全部经营面积进行调整，重新规划布局，为此陆续与大部分小业主解除了商铺买卖合同，并开始在时代广场内施工。

2003年3月17日，新宇公司致函冯某，通知其解除双方签订的商铺买卖合同。3月27日，新宇公司拆除了冯某所购商铺的玻璃幕墙及部分管线设施。6月30日，新宇公司再次向冯某致函，冯某不同意解除合同。由于冯某坚持不退商铺，新宇公司不能继续施工，6万平方米建筑闲置，新宇公司向法院起诉解除合同。

南京市玄武区人民法院认为：新宇公司在回收了大部分业主的商铺后，拟对时代广场重新进行规划布局，争取再次开业。冯某坚持新宇公司必须按每平方米30万元的高价回收其商铺，否则就要求继续履行商铺买卖合同。虽经调解，由于双方当事人互不信任，不能达成调解协议，以至于新宇公司的6万平方米建筑和冯某的22.50平方米商铺均处于闲置状态。考虑到冯某所购商铺，只是新宇公司在时代广场里分割出售的150余间商铺中的一间。在以分割商铺为标的物的买卖合同中，买方对商铺享有的权利，不能等同于独立商铺。为有利于物业整体功能的发挥，买方行使权利必须符合其他业主的整体意志。现在时代广场的大部分业主已经退回商铺，支持新宇公司对时代广场重新规划布局的工作，今后的时代广场内不再具有商铺经营的氛围条件。冯某以其在时代广场中只占很小比例的商铺，要求新宇公司继续履行本案合同，不仅违背大多数商铺业主的意愿，影响时代广场物业整体功能的发挥，且由于时代广场内失去了精品商铺的经营条件，再难以通过经营商铺盈利，继续履行实非其本意。

考虑到时代广场位于闹市区，现在仅因双方当事人之前的互不信任而被闲置，这种情况不仅使双方当事人的利益受损，且造成社会财富的极大浪费，不利于社会经济发展。从衡平双方当事人目前利益受损状况和今后长远利益出发，依照公平和诚信原则，尽管双方当事人之间存在的商铺买卖合同关系合法有效，尽管冯某在履行合同过程中没有任何违约行为，本案的商铺买卖合同也应当解除。鉴于冯某在履行商铺买卖合同中没有任何过错，在商铺买卖合同解除后，其因商铺买卖合同而获得的利益必须得到合理充分的补偿，补偿标准是保证冯某能在与时代广场同类的地区购得面积相同的类似商铺。

新宇公司同意在商铺买卖合同解除后，除返还冯某原付的购房价款、赔偿该商铺的增值款外，还给冯某补款48万元，这一数额足以使冯某的现实既得利益不因合同解除而减少，应予确认。

据此，南京市玄武区人民法院于2004年4月30日判决：新宇公司与冯某签订的商铺买卖合同予以解除；新宇公司返还冯某的商铺价款368184元，赔偿冯某商铺的增值额163516元；新宇公司赔偿冯某逾期办理房屋权属登记过户手续的违约金及其他经济损失48万元。

冯某不服一审判决，向南京市中级人民法院上诉。南京市中级人民法院维持了合同解除的判项，同时将违约金及其他经济损失增加到68万元。

第十模块

缔约过失责任和违约责任

一、缔约过失责任

【请求权基础】

★★★《民法典》第 500 条【缔约过失责任】当事人在订立合同过程中有下列情形之一，造成对方损失的，应当承担赔偿责任：

（一）假借订立合同，恶意进行磋商；

（二）故意隐瞒与订立合同有关的重要事实或者提供虚假情况；

（三）有其他违背诚信原则的行为。

★★★《民法典》第 501 条【侵犯商业秘密】当事人在订立合同过程中知悉的商业秘密或者其他应当保密的信息，无论合同是否成立，不得泄露或者不正当地使用；泄露、不正当地使用该商业秘密或者信息，造成对方损失的，应当承担赔偿责任。

【主观工坊】2020 年 2 月 2 日，新疆乌鲁木齐天山百货大楼（以下简称天山百货）与西安盛隆电子科技有限公司（以下简称盛隆公司）就彩电购销协议进行洽谈，期间盛隆公司采取了保密措施的市场开发计划被天山百货得知。天山百货遂推迟与盛隆公司签约，开始有针对性地吸引盛隆公司的潜在客户，导致盛隆公司的市场份额锐减。请问：盛隆公司如何救济自己的权利？为什么？

答：追究天山百货的缔约过失责任（“缔约过失责任”系采分点，1 分）。因为盛隆公司的市场开发计划系商业秘密（“商业秘密”系采分点，1 分），天山百货在缔约的过程中得知后不正当使用（“不正当使用”系采分点，1 分），导致盛隆公司信赖利益（“信赖利益”系采分点，1 分）损失。因此，依法应承担缔约过失责任。

［温馨提示］缔约过失之债系法定之债。

法律依据：《民法典》第 501 条。

二、违约责任

【请求权基础】

★★《民法典》第 577 条【违约责任的形式】当事人一方不履行合同义务或者履行合同义务不符合约定的，应当承担继续履行、采取补救措施或者赔偿损失等违约责任。

★★★《民法典》第 578 条【预期违约】当事人一方明确表示或者以自己的行为表明不履行合同义务的，对方可以在履行期限届满前请求其承担违约责任。

★★《民法典》第 579 条【金钱债务的违约责任】当事人一方未支付价款、报酬、租金、利息，或者不履行其他金钱债务的，对方可以请求其支付。

★★★《民法典》第 580 条【非金钱债务的违约责任】当事人一方不履行非金钱债务或者履行非金钱债务不符合约定的，对方可以请求履行，但是有下列情形之一的除外：

（一）法律上或者事实上不能履行；

（二）债务的标的不适于强制履行或者履行费用过高；

（三）债权人在合理期限内未请求履行。

有前款规定的除外情形之一，致使不能实现合同目的的，人民法院或者仲裁机构可以根据当事人的请求终止合同权利义务关系，但是不影响违约责任的承担。

☆☆☆《民法典》第 581 条【劳务债务的违约责任】当事人一方不履行债务或者履行债务不符合约定，根据债务的性质不得强制履行的，对方可以请求其负担由第三人替代履行的费用。

★★《民法典》第 582 条【瑕疵履行的违约责任】履行不符合约定的，应当按照当事人的约定承担违约责任。对违约责任没有约定或者约定不明确，依据本法第五百一十条的规定仍不能确定的，受损害方根据标的的性质以及损失的大小，可以合理选择请求对方承担修理、重作、更换、退货、减少价款或者报酬等违约责任。

★★《民法典》第 583 条【损害赔偿】当事人一方不履行合同义务或者履行合同义务不符合约定的，在履行义务或者采取补救措施后，对方还有其他损失的，应当赔偿损失。

★★《民法典》第 584 条【可预见性规则】当事人一方不履行合同义务或者履行合同义务不符合约定，造成对方损失的，损失赔偿额应当相当于因违约所造成的损失，包括合同履行后可以获得的利益；但是，不得超过违约一方订立合同时预见到或者应当预见到的因违约可能造成的损失。

★★★《民法典》第 585 条【违约金适用规则】当事人可以约定一方违约时应当根据违约情况向对方支付一定数额的违约金，也可以约定因违约产生的损失赔偿额的计算方法。

约定的违约金低于造成的损失的，人民法院或者仲裁机构可以根据当事人的请求予以增加；约定的违约金过分高于造成的损失的，人民法院或者仲裁机构可以根据当事人的请求予以适当减少。

当事人就迟延履行约定违约金的，违约方支付违约金后，还应当履行债务。

★★★《民法典》第 586 条【定金责任】当事人可以约定一方向对方给付定金作为债权的担保。定金合同自实际交付定金时成立。

定金的数额由当事人约定；但是，不得超过主合同标的额的百分之二十，超过部分不产生定金的效力。实际交付的定金数额多于或者少于约定数额的，视为变更约定的定金数额。

★★★《民法典》第 587 条【定金罚则】债务人履行债务的，定金应当抵作价款或者收回。给付定金的一方不履行债务或者履行债务不符合约定，致使不能实现合同目的的，无权请求返还定金；收受定金的一方不履行债务或者履行债务不符合约定，致使不能实现合同目的的，应当双倍返还定金。

★★★《民法典》第 588 条【违约金与定金的选择适用】当事人既约定违约金，又约定定金的，一方违约时，对方可以选择适用违约金或者定金条款。

定金不足以弥补一方违约造成的损失的，对方可以请求赔偿超过定金数额的损失。

☆☆☆《民法典》第589条【迟延受领的违约责任】债务人按照约定履行债务，债权人无正当理由拒绝受领的，债务人可以请求债权人赔偿增加的费用。

在债权人受领迟延期间，债务人无须支付利息。

★★★《民法典》第590条【违约责任的免责事由】当事人一方因不可抗力不能履行合同的，根据不可抗力的影响，部分或者全部免除责任，但是法律另有规定的除外。因不可抗力不能履行合同的，应当及时通知对方，以减轻可能给对方造成的损失，并应当在合理期限内提供证明。

当事人迟延履行后发生不可抗力的，不免除其违约责任。

★★《民法典》第591条【减损规则】当事人一方违约后，对方应当采取适当措施防止损失的扩大；没有采取适当措施致使损失扩大的，不得就扩大的损失请求赔偿。

当事人因防止损失扩大而支出的合理费用，由违约方负担。

★★★《民法典》第592条【双方违约的责任承担】当事人都违反合同的，应当各自承担相应的责任。

当事人一方违约造成对方损失，对方对损失的发生有过错的，可以减少相应的损失赔偿额。

★★★《民法典》第593条【因第三人原因造成违约的责任承担】当事人一方因第三人的原因造成违约的，应当依法向对方承担违约责任。当事人一方和第三人之间的纠纷，依照法律规定或者按照约定处理。

[萌主点拨] 请求权竞合

★★★《民法典》第186条【请求权竞合】因当事人一方的违约行为，损害对方人身权益、财产权益的，受损害方有权选择请求其承担违约责任或者侵权责任。

【主观工坊】孟某乘坐合众旅行社安排的旅游大巴，行至中途时，因一辆客车横侧于路中，旅游大巴让车上的乘客下车后停车牵引，但并未及时开启危险报警闪光灯，后马某醉酒驾车至此撞伤游客孟某，孟某为此支出医药费等费用共计20万元。孟某认为合众旅行社违反了旅游合同中保障游客旅行期间人身财产安全的义务，遂以合众旅行社为被告提起违约之诉。诉讼过程中，双方达成和解协议，约定由合众旅行社赔偿孟某10万元。请问：

1. 旅游合同是要式合同还是不要式合同？

2. 旅游合同的违约责任系过错责任原则还是无过错责任原则？

3. 在孟某获得10万元的赔偿之后，其是否可以继续向马某请求侵权损害赔偿？为什么？

答：1. 不要式合同（1分）。

2. 无过错责任原则（1分）。

3. 可以（1分）。因为请求权竞合（“请求权竞合”或“责任竞合”系采分点，1分）须发生于合同当事人之间。本案中，加害人马某并非合同当事人（“非合同当事人”系采分点，1分），马某所实施的侵权行为并不构成违约，在孟某与马某之间不存在责任竞合关系。因此，可以继续向马某请求侵权损害赔偿。

第十一模块

买卖合同

一、买卖合同的基本原理

【请求权基础】

★★《民法典》第595条【买卖合同的含义】买卖合同是出卖人转移标的物的所有权于买受人，买受人支付价款的合同。

★★《民法典》第596条【买卖合同的内容】买卖合同的内容一般包括标的物的名称、数量、质量、价款、履行期限、履行地点和方式、包装方式、检验标准和方法、结算方式、合同使用的文字及其效力等条款。

★★★《民法典》第597条【买卖合同标的物的要求】因出卖人未取得处分权致使标的物所有权不能转移的，买受人可以解除合同并请求出卖人承担违约责任。

法律、行政法规禁止或者限制转让的标的物，依照其规定。

★★《民法典》第598条【出卖人的基本义务】出卖人应当履行向买受人交付标的物或者交付提取标的物的单证，并转移标的物所有权的义务。

★★《民法典》第599条【单证和资料的交付】出卖人应当按照约定或者交易习惯向买受人交付提取标的物单证以外的有关单证和资料。

★★《民法典》第600条【出卖标的物的知识产权】出卖具有知识产权的标的物的，除法律另有规定或者当事人另有约定外，该标的物的知识产权不属于买受人。

★★《民法典》第601条【标的物的交付时间】出卖人应当按照约定的时间交付标的物。约定交付期限的，出卖人可以在该交付期限内的任何时间交付。

★★《民法典》第602条【交付时间的推定】当事人没有约定标的物的交付期限或者约定不明确的，适用本法第五百一十条、第五百一十一条第四项的规定。

★★《民法典》第603条【标的物的交付地点】出卖人应当按照约定的地点交付标的物。

当事人没有约定交付地点或者约定不明确，依据本法第五百一十条的规定仍不能确定的，适用下列规定：

（一）标的物需要运输的，出卖人应当将标的物交付给第一承运人以运交给买受人；

（二）标的物不需要运输，出卖人和买受人订立合同时知道标的物在某一地点的，出卖人应当在该地点交付标的物；不知道标的物在某一地点的，应当在出卖人订立合同时的营业地交付标的物。

二、买卖合同的风险负担

【请求权基础】

★★★《民法典》第604条【风险负担的基本规则】标的物毁损、灭失的风险，在标的物交付之前由出卖人承担，交付之后由买受人承担，但是法律另有规定或者当事人另有约定的除外。

★★★《民法典》第605条【买受人延迟受领的风险负担】因买受人的原因致使标的物未按照约定的期限交付的，买受人应当自违反约定时起承担标的物毁损、灭失的风险。

★★★《民法典》第606条【在途标的物的风险负担】出卖人出卖交由承运人运输的在途标的物，除当事人另有约定外，毁损、灭失的风险自合同成立时起由买受人承担。

★★★《民法典》第607条【货交第一承运人的风险负担】出卖人按照约定将标的物运送至买受人指定地点并交付给承运人后，标的物毁损、灭失的风险由买受人承担。

当事人没有约定交付地点或者约定不明确，依据本法第六百零三条第二款第一项的规定标的物需要运输的，出卖人将标的物交付给第一承运人后，标的物毁损、灭失的风险由买受人承担。

★★★《民法典》第608条【买受人不接收标的物的风险负担】出卖人按照约定或者依据本法第六百零三条第二款第二项的规定将标的物置于交付地点，买受人违反约定没有收取的，标的物毁损、灭失的风险自违反约定时起由买受人承担。

★★★《民法典》第609条【从给付义务的违反不影响风险转移】出卖人按照约定未交付有关标的物的单证和资料的，不影响标的物毁损、灭失风险的转移。

★★★《民法典》第610条【标的物的瑕疵担保责任与风险负担】因标的物不符合质量要求，致使不能实现合同目的的，买受人可以拒绝接受标的物或者解除合同。买受人拒绝接受标的物或者解除合同的，标的物毁损、灭失的风险由出卖人承担。

★★★《民法典》第611条【风险负担不影响违约责任】标的物毁损、灭失的风险由买受人承担的，不影响因出卖人履行义务不符合约定，买受人请求其承担违约责任的权利。

三、出卖人的瑕疵担保责任

（一）权利瑕疵担保责任

【请求权基础】

★★《民法典》第612条【出卖人的权利瑕疵担保义务】出卖人就交付的标的物，负有保证第三人对该标的物不享有任何权利的义务，但是法律另有规定的除外。

★★《民法典》第613条【权利瑕疵担保义务的免除】买受人订立合同时知道或者应当知道第三人对买卖的标的物享有权利的，出卖人不承担前条规定的义务。

★★《民法典》第614条【权利瑕疵的抗辩】买受人有确切证据证明第三人对标的物享有权利的，可以中止支付相应的价款，但是出卖人提供适当担保的除外。

（二）物的瑕疵担保责任

【请求权基础】

★★《民法典》第615条【标的物的质量担保义务】出卖人应当按照约定的质量要

求交付标的物。出卖人提供有关标的物质量说明的，交付的标的物应当符合该说明的质量要求。

★★《民法典》第616条【法定质量担保】当事人对标的物的质量要求没有约定或者约定不明确，依据本法第五百一十条的规定仍不能确定的，适用本法第五百一十一条第一项的规定。

★★《民法典》第617条【物的瑕疵责任】出卖人交付的标的物不符合质量要求的，买受人可以依据本法第五百八十二条至第五百八十四条的规定请求承担违约责任。

［萌主点拨］瑕疵担保责任的特殊约定

☆☆☆《民法典》第618条【瑕疵担保责任的特殊约定】当事人约定减轻或者免除出卖人对标的物瑕疵承担的责任，因出卖人故意或者重大过失不告知买受人标的物瑕疵的，出卖人无权主张减轻或者免除责任。

四、买受人的验货义务

【请求权基础】

★★《民法典》第620条【买受人的检验义务】买受人收到标的物时应当在约定的检验期限内检验。没有约定检验期限的，应当及时检验。

★★★《民法典》第621条【买受人的检验期限和通知义务】当事人约定检验期限的，买受人应当在检验期限内将标的物的数量或者质量不符合约定的情形通知出卖人。买受人怠于通知的，视为标的物的数量或者质量符合约定。

当事人没有约定检验期限的，买受人应当在发现或者应当发现标的物的数量或者质量不符合约定的合理期限内通知出卖人。买受人在合理期限内未通知或者自收到标的物之日起二年内未通知出卖人的，视为标的物的数量或者质量符合约定；但是，对标的物有质量保证期的，适用质量保证期，不适用该二年的规定。

出卖人知道或者应当知道提供的标的物不符合约定的，买受人不受前两款规定的通知时间的限制。

★★★《民法典》第622条【检验期限约定过短的处理】当事人约定的检验期限过短，根据标的物的性质和交易习惯，买受人在检验期限内难以完成全面检验的，该期限仅视为买受人对标的物的外观瑕疵提出异议的期限。

约定的检验期限或者质量保证期短于法律、行政法规规定期限的，应当以法律、行政法规规定的期限为准。

★★★《民法典》第623条【检验期限未约定的处理】当事人对检验期限未作约定，买受人签收的送货单、确认单等载明标的物数量、型号、规格的，推定买受人已经对数量和外观瑕疵进行检验，但是有相关证据足以推翻的除外。

★★★《民法典》第624条【检验标准约定不一致的处理】出卖人依照买受人的指示向第三人交付标的物，出卖人和买受人约定的检验标准与买受人和第三人约定的检验标准不一致的，以出卖人和买受人约定的检验标准为准。

五、出卖人的回收义务

【请求权基础】

☆☆☆《民法典》第625条【出卖人的回收义务】依照法律、行政法规的规定或者按照当事人的约定，标的物在有效使用年限届满后应予回收的，出卖人负有自行或者委托第三人对标的物予以回收的义务。

六、多交付标的物的处理

【请求权基础】

★★★《民法典》第629条【多交付标的物的处理】出卖人多交标的物的，买受人可以接收或者拒绝接收多交的部分。买受人接收多交部分的，按照约定的价格支付价款；买受人拒绝接收多交部分的，应当及时通知出卖人。

七、孳息归属

【请求权基础】

★★★《民法典》第630条【标的物孳息的归属】标的物在交付之前产生的孳息，归出卖人所有；交付之后产生的孳息，归买受人所有。但是，当事人另有约定的除外。

八、试用买卖合同中的风险负担

【请求权基础】

☆☆☆《民法典》第640条【试用买卖合同中的风险负担】标的物在试用期内毁损、灭失的风险由出卖人承担。

第十二模块

赠与合同

一、任意撤销权

【请求权基础】

★★★《民法典》第 658 条【赠与人的任意撤销权和限制】赠与人在赠与财产的权利转移之前可以撤销赠与。

经过公证的赠与合同或依法不得撤销的具有救灾、扶贫、助残等公益、道德义务性质的赠与合同，不适用前款规定。

二、法定撤销权

【请求权基础】

★★《民法典》第 663 条【赠与人的法定撤销权】受赠人有下列情形之一的，赠与人可以撤销赠与：

（一）严重侵害赠与人或者赠与人近亲属的合法权益；

（二）对赠与人有扶养义务而不履行；

（三）不履行赠与合同约定的义务。

赠与人的撤销权，自知道或者应当知道撤销事由之日起一年内行使。

★★《民法典》第 664 条【继承人或法定代理人的法定撤销权】因受赠人的违法行为致使赠与人死亡或者丧失民事行为能力的，赠与人的继承人或者法定代理人可以撤销赠与。

赠与人的继承人或者法定代理人的撤销权，自知道或者应当知道撤销事由之日起六个月内行使。

三、法定解除权

【请求权基础】

★★《民法典》第 666 条【赠与人的法定解除权】赠与人的经济状况显著恶化，严重影响其生产经营或者家庭生活的，可以不再履行赠与义务。

【主观工坊】2020 年 5 月，北京市丰台区新发地市场暴发新冠肺炎疫情。6 月 10 日，法考培训讲师孟某公开表示向北京市红十字会捐赠口罩 200 万个，防护服 200 万套，消毒液 200 万瓶等物资，并明确表示专门用于患有新冠肺炎的北京市民。6 月 12 日，红十字会表示接受。7 月，大连暴发新冠肺炎。北京市红十字会将孟某捐赠的 200 万套防护服赠与大连市红十字会，并于 8 月 2 日交付。8 月 16 日，孟某得知上述事实。请问：

1. 孟某与北京市红十字会的赠与合同何时成立并生效？为什么？

2. 在赠与物资转移之前，孟某是否享有任意撤销权？为什么？

3. 孟某与北京市红十字会之间的赠与合同系附生效条件的赠与合同还是附义务的赠与合同？为什么？

4. 孟某可否撤销对北京市红十字会的赠与合同？为什么？

答：1. 6月12日（1分）。因为赠与合同系双方民事法律行为（“双方民事法律行为”系采分点，1分），需双方意思表示合意（“意思表示合意”系采分点，1分），合同方能成立并生效。本案中，6月12日，红十字会表示接受，赠与合同成立并生效。

法律依据：《民法典》第657条，赠与合同是赠与人将自己的财产无偿给予受赠人，受赠人表示接受赠与的合同。

2. 不享有（1分）。因为赠与合同的赠与人在转移财产之前，原则上均有任意撤销权。但是，具有救灾等公益性质（“公益性质”系采分点，1分）的赠与合同，赠与人不得行使任意撤销权。本案中，孟某向北京市红十字会的赠与系为新冠肺炎疫情，属于公益性质的赠与，不得行使任意撤销权。

法律依据：《民法典》第658条。

3. 附义务的赠与合同（1分）。因为赠与人（孟某）明确表示赠与的物资专门用于患有新冠肺炎的北京市民并不影响（“不影响”系采分点，1分）赠与合同的效力（“效力”系采分点，1分）。因此，属于附义务的赠与合同。

4. 可以（1分）。因为受赠人不履行赠与合同约定的义务（“不履行约定的义务”系采分点，1分），赠与人有权自知道或应当知道撤销事由之日起1年内行使法定撤销权（“法定撤销权”系采分点，1分）。本案中，北京市红十字会将200万套防护服赠与大连市红十字会的行为违反了与孟某之间赠与合同的义务。因此，孟某有权撤销。

法律依据：《民法典》第663条。

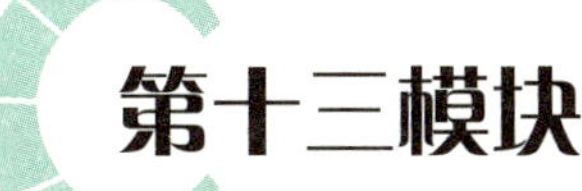

第十三模块

租赁合同

一、租赁合同的基本原理

【请求权基础】

★★《民法典》第703条【租赁合同的含义】租赁合同是出租人将租赁物交付承租人使用、收益，承租人支付租金的合同。

★★《民法典》第704条【租赁合同的主要内容】租赁合同的内容一般包括租赁物的名称、数量、用途、租赁期限、租金及其支付期限和方式、租赁物维修等条款。

★★★《民法典》第705条【租赁期限】租赁期限不得超过二十年。超过二十年的，超过部分无效。

租赁期限届满，当事人可以续订租赁合同；但是，约定的租赁期限自续订之日起不得超过二十年。

★★★《民法典》第706条【登记备案手续】当事人未依照法律、行政法规规定办理租赁合同登记备案手续的，不影响合同的效力。

★★★《民法典》第707条【租赁合同的形式】租赁期限六个月以上的，应当采用书面形式。当事人未采用书面形式，无法确定租赁期限的，视为不定期租赁。

二、出租人和承租人的义务

【请求权基础】

★★★《民法典》第708条【出租人的适租义务】出租人应当按照约定将租赁物交付承租人，并在租赁期限内保持租赁物符合约定的用途。

★★《民法典》第709条【承租人正当使用的义务】承租人应当按照约定的方法使用租赁物。对租赁物的使用方法没有约定或者约定不明确，依据本法第五百一十条的规定仍不能确定的，应当根据租赁物的性质使用。

★★《民法典》第710条【正常损耗的责任】承租人按照约定的方法或者根据租赁物的性质使用租赁物，致使租赁物受到损耗的，不承担赔偿责任。

★★《民法典》第711条【承租人未按约定使用租赁物的责任】承租人未按照约定的方法或者未根据租赁物的性质使用租赁物，致使租赁物受到损失的，出租人可以解除合同并请求赔偿损失。

★★★《民法典》第712条【出租人的维修义务】出租人应当履行租赁物的维修义务，但是当事人另有约定的除外。

★★★《民法典》第713条【出租人履行维修义务的履行】承租人在租赁物需要维修时可以请求出租人在合理期限内维修。出租人未履行维修义务的，承租人可以自行维修，维修费用由出租人负担。因维修租赁物影响承租人使用的，应当相应减少租金或者延长租期。

因承租人的过错致使租赁物需要维修的，出租人不承担前款规定的维修义务。

★★《民法典》第714条【承租人妥善保管义务】承租人应当妥善保管租赁物，因保管不善造成租赁物毁损、灭失的，应当承担赔偿责任。

★★★《民法典》第715条【承租人禁止添附的义务】承租人经出租人同意，可以对租赁物进行改善或者增设他物。

承租人未经出租人同意，对租赁物进行改善或者增设他物的，出租人可以请求承租人恢复原状或者赔偿损失。

★★★《民法典》第716条【转租】承租人经出租人同意，可以将租赁物转租给第三人。承租人转租的，承租人与出租人之间的租赁合同继续有效；第三人造成租赁物损失的，承租人应当赔偿损失。

承租人未经出租人同意转租的，出租人可以解除合同。

★★★《民法典》第717条【转租期限超过剩余租期的处理】承租人经出租人同意将租赁物转租给第三人，转租期限超过承租人剩余租赁期限的，超过部分的约定对出租人不具有法律约束力，但是出租人与承租人另有约定的除外。

★★★《民法典》第718条【出租人的异议期间】出租人知道或者应当知道承租人转租，但是在六个月内未提出异议的，视为出租人同意转租。

★★★《民法典》第719条【次承租人的代为履行抗辩权】承租人拖欠租金的，次承租人可以代承租人支付其欠付的租金和违约金，但是转租合同对出租人不具有法律约束力的除外。

次承租人代为支付的租金和违约金，可以充抵次承租人应当向承租人支付的租金；超出其应付的租金数额的，可以向承租人追偿。

★★《民法典》第720条【租赁物收益的归属】在租赁期限内因占有、使用租赁物获得的收益，归承租人所有，但是当事人另有约定的除外。

★★《民法典》第721条【租金的支付期限】承租人应当按照约定的期限支付租金。对支付租金的期限没有约定或者约定不明确，依据本法第五百一十条的规定仍不能确定，租赁期限不满一年的，应当在租赁期限届满时支付；租赁期限一年以上的，应当在每届满一年时支付，剩余期限不满一年的，应当在租赁期限届满时支付。

★★★《民法典》第722条【未按约定支付租金的责任】承租人无正当理由未支付或者迟延支付租金的，出租人可以请求承租人在合理期限内支付；承租人逾期不支付的，出租人可以解除合同。

★★★《民法典》第723条【出租人的权利瑕疵担保责任】因第三人主张权利，致使承租人不能对租赁物使用、收益的，承租人可以请求减少租金或者不支付租金。

第三人主张权利的，承租人应当及时通知出租人。

★★《民法典》第733条【租赁物的返还】租赁期限届满，承租人应当返还租赁物。返还的租赁物应当符合按照约定或者根据租赁物的性质使用后的状态。

三、出租人和承租人的权利

【请求权基础】

★★★《民法典》第724条【承租人的法定解除权】有下列情形之一，非因承租人原因致使租赁物无法使用的，承租人可以解除合同：

（一）租赁物被司法机关或者行政机关依法查封、扣押；

（二）租赁物权属有争议；

（三）租赁物具有违反法律、行政法规关于使用条件的强制性规定情形。

★★★《民法典》第725条【买卖不破租赁】租赁物在承租人按照租赁合同占有期限内发生所有权变动的，不影响租赁合同的效力。

★★★《民法典》第726条【房屋承租人的优先购买权】出租人出卖租赁房屋的，应当在出卖之前的合理期限内通知承租人，承租人享有以同等条件优先购买的权利；但是，房屋按份共有人行使优先购买权或者出租人将房屋出卖给近亲属的除外。

出租人履行通知义务后，承租人在十五日内未明确表示购买的，视为承租人放弃优先购买权。

★★★《民法典》第727条【优先购买权的放弃】出租人委托拍卖人拍卖租赁房屋的，应当在拍卖五日前通知承租人。承租人未参加拍卖的，视为放弃优先购买权。

★★★《民法典》第728条【承租人优先购买权受到侵犯后的救济】出租人未通知承租人或者有其他妨害承租人行使优先购买权情形的，承租人可以请求出租人承担赔偿责任。但是，出租人与第三人订立的房屋买卖合同的效力不受影响。

四、租赁合同的风险负担

【请求权基础】

★★《民法典》第729条【租赁物的风险承担】因不可归责于承租人的事由，致使租赁物部分或者全部毁损、灭失的，承租人可以请求减少租金或者不支付租金；因租赁物部分或者全部毁损、灭失，致使不能实现合同目的的，承租人可以解除合同。

五、不定期租赁合同和优先承租权

【请求权基础】

★★《民法典》第730条【不定期租赁合同】当事人对租赁期限没有约定或者约定不明确，依据本法第五百一十条的规定仍不能确定的，视为不定期租赁；当事人可以随时解除合同，但是应当在合理期限之前通知对方。

★★★《民法典》第734条【不定期租赁合同和优先承租权】租赁期限届满，承租人继续使用租赁物，出租人没有提出异议的，原租赁合同继续有效，但是租赁期限为不定期。

租赁期限届满，房屋承租人享有以同等条件优先承租的权利。

六、租赁物的瑕疵担保责任

【请求权基础】

★★★《民法典》第731条【租赁物的瑕疵担保责任】租赁物危及承租人的安全或者健康的，即使承租人订立合同时明知该租赁物质量不合格，承租人仍然可以随时解除合同。

七、共同居住、经营人的续租权

【请求权基础】

★★★《民法典》第732条【共同居住、经营人的续租权】承租人在房屋租赁期限内死亡的，与其生前共同居住的人或者共同经营人可以按照原租赁合同租赁该房屋。

例：2015年10月25日，甲公司与乙公司签订《租赁酒店协议书》，协议约定："甲公司承租乙公司名下鹏程酒店，年租金100万元，租赁期限为5年，自2015年12月1日起至2020年12月1日止。若提前终止承租，甲公司须向乙公司赔偿违约金50万元。甲公司在签约当日应一次支付第一年租金的一半50万元，另外20万元用于抵免乙公司在鹏程酒店的住宿和餐饮消费，剩余30万元须在该半年内一次支付。"协议签订后，甲公司支付乙公司租金50万元，在鹏程酒店经营餐饮及住宿服务，办理了野生动物经营许可证。2020年5月，该市市场监管局因"新冠肺炎"疫情发文暂停一切野生动物交易。甲公司以此为由将该酒店停业并撤出，并致电乙公司，通知其解除合同。关于本案：

1. 甲公司无权解除合法有效的《租赁酒店协议书》；

2. 甲公司须向乙公司承担继续履行的违约责任；

3. 基于公平和诚信原则，法院可以根据"新冠肺炎"疫情的发生适当减少甲公司违约金的给付。

第十四模块

建设工程合同

一、建设工程合同中的禁止行为

【请求权基础】

★★★《民法典》第 791 条【建筑工程合同的禁止行为】发包人可以与总承包人订立建设工程合同，也可以分别与勘察人、设计人、施工人订立勘察、设计、施工承包合同。发包人不得将应当由一个承包人完成的建设工程支解成若干部分发包给数个承包人。

总承包人或者勘察、设计、施工承包人经发包人同意，可以将自己承包的部分工作交由第三人完成。第三人就其完成的工作成果与总承包人或者勘察、设计、施工承包人向发包人承担连带责任。承包人不得将其承包的全部建设工程转包给第三人或者将其承包的全部建设工程支解以后以分包的名义分别转包给第三人。

禁止承包人将工程分包给不具备相应资质条件的单位。禁止分包单位将其承包的工程再分包。建设工程主体结构的施工必须由承包人自行完成。

二、建设工程合同中承包人的法定优先权

【请求权基础】

★★★《民法典》第 807 条【建设工程合同承包人的法定优先权】发包人未按照约定支付价款的，承包人可以催告发包人在合理期限内支付价款。发包人逾期不支付的，除根据建设工程的性质不宜折价、拍卖外，承包人可以与发包人协议将该工程折价，也可以请求人民法院将该工程依法拍卖。建设工程的价款就该工程折价或者拍卖的价款优先受偿。

第十五模块

无因管理和不当得利

一、无因管理

【请求权基础】

☆☆☆《民法典》第979条【无因管理的认定】管理人没有法定的或者约定的义务，为避免他人利益受损失而管理他人事务的，可以请求受益人偿还因管理事务而支出的必要费用；管理人因管理事务受到损失的，可以请求受益人给予适当补偿。

管理事务不符合受益人真实意思的，管理人不享有前款规定的权利；但是，受益人的真实意思违反法律或者违背公序良俗的除外。

☆☆☆《民法典》第980条【无因管理的准用】管理人管理事务不属于前条规定的情形，但是受益人享有管理利益的，受益人应当在其获得的利益范围内向管理人承担前条第一款规定的义务。

☆☆☆《民法典》第981条【管理方法和管理中断】管理人管理他人事务，应当采取有利于受益人的方法。中断管理对受益人不利的，无正当理由不得中断。

☆☆☆《民法典》第982条【管理人的通知和接受指示的义务】管理人管理他人事务，能够通知受益人的，应当及时通知受益人。管理的事务不需要紧急处理的，应当等待受益人的指示。

☆☆☆《民法典》第983条【管理人的报告和财产转交义务】管理结束后，管理人应当向受益人报告管理事务的情况。管理人管理事务取得的财产，应当及时转交给受益人。

☆☆☆《民法典》第984条【受益人事后追认的处理】管理人管理事务经受益人事后追认的，从管理事务开始时起，适用委托合同的有关规定，但是管理人另有意思表示的除外。

例：2018年3月3日，孟某在江西一风景区旅游，见一失恋女子周某跳崖自杀。孟某赶忙救助，周某明确拒绝："让我去死，不要管我。"孟某不听，强行将周某送到医院，为其支付医疗费2000元。在救助过程中，自己价值27500元的欧米茄手表和周某价值1万元的iPhone手机都不慎遗落。虽然孟某违背周某的意思，但不影响孟某的行为构成无因管理。

二、不当得利

【请求权基础】

☆☆☆《民法典》第985条【不当得利的认定和例外】得利人没有法律根据取得不

当利益的，受损失的人可以请求得利人返还取得的利益，但是有下列情形之一的除外：

（一）为履行道德义务进行的给付；

（二）债务到期之前的清偿；

（三）明知无给付义务而进行的债务清偿。

☆☆☆《民法典》第986条【善意得利人的返还义务】得利人不知道且不应当知道获得的利益没有法律根据，取得的利益已经不存在的，不承担返还该利益的义务。

☆☆☆《民法典》第987条【恶意得利人的返还义务和赔偿责任】得利人知道或者应当知道取得的利益没有法律根据的，受损失的人可以请求得利人返还其取得的利益并依法赔偿损失。

☆☆☆《民法典》第988条【无偿第三人的返还义务】得利人已经将取得的利益无偿转让给第三人的，受损失的人可以请求第三人在相应范围内承担返还义务。

例：2019年12月30日，孟某前往白家大院餐馆就餐。餐馆经理张某告知新雇佣的员工小王将2瓶茅台酒送给晚上前来就餐的孟姓先生。后小王误认为另一位孟姓顾客为孟先生并将2瓶茅台酒赠与对方。关于本案：

1. 孟姓顾客依法构成不当得利；

2. 如孟姓顾客不知情，并于当晚将一瓶茅台酒喝掉，则其仅需返还剩余的1瓶茅台酒即可；

3. 如孟姓顾客明知2瓶茅台酒并非赠与自己却于当晚将一瓶茅台酒喝掉，则其依法应当承担赔偿责任；

4. 如孟姓顾客将获得的2瓶茅台酒中的1瓶赠与领导徐某，但徐某并未喝掉，餐馆依法有权请求徐某返还。

第十六模块
人　格　权

一、人格权的基本原理

【请求权基础】

☆☆《民法典》第989条【调整对象】本编调整因人格权的享有和保护产生的民事关系。

☆☆《民法典》第990条【人格权的范围】人格权是民事主体享有的生命权、身体权、健康权、姓名权、名称权、肖像权、名誉权、荣誉权、隐私权等权利。

除前款规定的人格权外，自然人享有基于人身自由、人格尊严产生的其他人格权益。

☆《民法典》第991条【人格权受法律保护原则】民事主体的人格权受法律保护，任何组织或者个人不得侵害。

☆☆《民法典》第992条【人格权的性质】人格权不得放弃、转让或者继承。

☆☆☆《民法典》第993条【人格权的许可使用】民事主体可以将自己的姓名、名称、肖像等许可他人使用，但是依照法律规定或者根据其性质不得许可的除外。

☆☆☆《民法典》第995条【人格权受到侵害的责任承担】人格权受到侵害的，受害人有权依照本法和其他法律的规定请求行为人承担民事责任。受害人的停止侵害、排除妨碍、消除危险、消除影响、恢复名誉、赔礼道歉请求权，不适用诉讼时效的规定。

☆☆☆《民法典》第997条【人格权侵权预先保护】民事主体有证据证明行为人正在实施或者即将实施侵害其人格权的违法行为，不及时制止将使其合法权益受到难以弥补的损害的，有权依法向人民法院申请采取责令行为人停止有关行为的措施。

☆☆《民法典》第998条【人格权侵权责任承担的裁量】认定行为人承担侵害除生命权、身体权和健康权外的人格权的民事责任，应当考虑行为人和受害人的职业、影响范围、过错程度，以及行为的目的、方式、后果等因素。

☆☆☆《民法典》第999条【人格权的合理使用】为公共利益实施新闻报道、舆论监督等行为的，可以合理使用民事主体的姓名、名称、肖像、个人信息等；使用不合理侵害民事主体人格权的，应当依法承担民事责任。

☆☆☆《民法典》第1000条【人格权侵权责任的承担】行为人因侵害人格权承担消除影响、恢复名誉、赔礼道歉等民事责任的，应当与行为的具体方式和造成的影响范围相当。

行为人拒不承担前款规定的民事责任的，人民法院可以采取在报刊、网络等媒体上发布公告或者公布生效裁判文书等方式执行，产生的费用由行为人负担。

☆☆《民法典》第 1001 条【身份关系的参照适用】对自然人因婚姻家庭关系等产生的身份权利的保护，适用本法第一编、第五编和其他法律的相关规定；没有规定的，可以根据其性质参照适用本编人格权保护的有关规定。

二、一般人格权和具体人格权

人格权侵权形态汇总表★★★								
具体人格权	生命权	身体权	健康权	姓名权	肖像权	名誉权	荣誉权	隐私权
侵权形态	死亡	肢体、器官或其他人体组织的完整性	生理、心理机能的正常运转和发挥	1. 干涉 2. 盗用 3. 假冒	1. 丑化 2. 污损 3. 伪造 4. 制作 5. 使用 6. 公开	1. 侮辱 2. 诽谤	非法剥夺	1. 刺探 2. 侵扰 3. 泄露 4. 公开

（一）生命权、身体权和健康权

【请求权基础】

☆☆《民法典》第 1002 条【生命权的含义和保护】自然人享有生命权。自然人的生命安全和生命尊严受法律保护。任何组织或者个人不得侵害他人的生命权。

☆☆《民法典》第 1003 条【身体权的含义和保护】自然人享有身体权。自然人的身体完整和行动自由受法律保护。任何组织或者个人不得侵害他人的身体权。

☆☆《民法典》第 1004 条【健康权的含义和保护】自然人享有健康权。自然人的身心健康受法律保护。任何组织或者个人不得侵害他人的健康权。

☆☆《民法典》第 1005 条【法定救助义务】自然人的生命权、身体权、健康权受到侵害或者处于其他危难情形的，负有法定救助义务的组织或者个人应当及时施救。

☆☆《民法典》第 1006 条【人体组织捐献】完全民事行为能力人有权依法自主决定无偿捐献其人体细胞、人体组织、人体器官、遗体。任何组织或者个人不得强迫、欺骗、利诱其捐献。

完全民事行为能力人依据前款规定同意捐献的，应当采用书面形式，也可以订立遗嘱。

自然人生前未表示不同意捐献的，该自然人死亡后，其配偶、成年子女、父母可以共同决定捐献，决定捐献应当采用书面形式。

☆☆《民法典》第 1007 条【器官买卖】禁止以任何形式买卖人体细胞、人体组织、人体器官、遗体。

违反前款规定的买卖行为无效。

☆☆☆《民法典》第 1008 条【临床试验】为研制新药、医疗器械或者发展新的预防和治疗方法，需要进行临床试验的，应当依法经相关主管部门批准并经伦理委员会审查同意，向受试者或者受试者的监护人告知试验目的、用途和可能产生的风险等详细情况，并经其书面同意。

进行临床试验的，不得向受试者收取试验费用。

☆☆☆《民法典》第1009条【医学和科研活动】从事与人体基因、人体胚胎等有关的医学和科研活动，应当遵守法律、行政法规和国家有关规定，不得危害人体健康，不得违背伦理道德，不得损害公共利益。

☆☆《民法典》第1010条【性骚扰】违背他人意愿，以言语、文字、图像、肢体行为等方式对他人实施性骚扰的，受害人有权依法请求行为人承担民事责任。

机关、企业、学校等单位应当采取合理的预防、受理投诉、调查处置等措施，防止和制止利用职权、从属关系等实施性骚扰。

☆☆《民法典》第1011条【非法拘禁和搜身】以非法拘禁等方式剥夺、限制他人的行动自由，或者非法搜查他人身体的，受害人有权依法请求行为人承担民事责任。

（二）姓名权和名称权

【请求权基础】

☆☆☆《民法典》第1012条【姓名权的主体和内容】自然人享有姓名权，有权依法决定、使用、变更或者许可他人使用自己的姓名，但是不得违背公序良俗。

☆☆☆《民法典》第1013条【名称权的主体和内容】法人、非法人组织享有名称权，有权依法决定、使用、变更、转让或者许可他人使用自己的名称。

☆☆☆《民法典》第1014条【姓名权和名称权的侵权形态】任何组织或者个人不得以干涉、盗用、假冒等方式侵害他人的姓名权或者名称权。

☆☆☆《民法典》第1015条【自然人的姓氏】自然人应当随父姓或者母姓，但是有下列情形之一的，可以在父姓和母姓之外选取姓氏：

（一）选取其他直系长辈血亲的姓氏；

（二）因由法定扶养人以外的人扶养而选取扶养人姓氏；

（三）有不违背公序良俗的其他正当理由。

少数民族自然人的姓氏可以遵从本民族的文化传统和风俗习惯。

☆☆《民法典》第1016条【姓名的变更和名称的变更和转让】自然人决定、变更姓名，或者法人、非法人组织决定、变更、转让名称的，应当依法向有关机关办理登记手续，但是法律另有规定的除外。

民事主体变更姓名、名称的，变更前实施的民事法律行为对其具有法律约束力。

☆☆☆《民法典》第1017条【姓名和名称的类推适用】具有一定社会知名度，被他人使用足以造成公众混淆的笔名、艺名、网名、译名、字号、姓名和名称的简称等，参照适用姓名权和名称权保护的有关规定。

（三）肖像权

【请求权基础】

☆☆☆《民法典》第1018条【肖像权和肖像】自然人享有肖像权，有权依法制作、使用、公开或者许可他人使用自己的肖像。

肖像是通过影像、雕塑、绘画等方式在一定载体上所反映的特定自然人可以被识别的外部形象。

☆☆☆《民法典》第1019条【肖像权侵权的形态】任何组织或者个人不得以丑化、污损，或者利用信息技术手段伪造等方式侵害他人的肖像权。未经肖像权人同意，不得制作、使用、公开肖像权人的肖像，但是法律另有规定的除外。

未经肖像权人同意，肖像作品权利人不得以发表、复制、发行、出租、展览等方式使用或者公开肖像权人的肖像。

☆☆☆《民法典》第1020条【肖像权的合理使用】合理实施下列行为的，可以不经肖像权人同意：

（一）为个人学习、艺术欣赏、课堂教学或者科学研究，在必要范围内使用肖像权人已经公开的肖像；

（二）为实施新闻报道，不可避免地制作、使用、公开肖像权人的肖像；

（三）为依法履行职责，国家机关在必要范围内制作、使用、公开肖像权人的肖像；

（四）为展示特定公共环境，不可避免地制作、使用、公开肖像权人的肖像；

（五）为维护公共利益或者肖像权人合法权益，制作、使用、公开肖像权人的肖像的其他行为。

☆☆☆《民法典》第1021条【肖像使用权的解释】当事人对肖像许可使用合同中关于肖像使用条款的理解有争议的，应当作出有利于肖像权人的解释。

☆☆☆《民法典》第1022条【肖像使用期限】当事人对肖像许可使用期限没有约定或者约定不明确的，任何一方当事人可以随时解除肖像许可使用合同，但是应当在合理期限之前通知对方。

当事人对肖像许可使用期限有明确约定，肖像权人有正当理由的，可以解除肖像许可使用合同，但是应当在合理期限之前通知对方。因解除合同造成对方损失的，除不可归责于肖像权人的事由外，应当赔偿损失。

☆☆☆《民法典》第1023条【姓名等使用许可的类推适用】对姓名等的许可使用，参照适用肖像许可使用的有关规定。

对自然人声音的保护，参照适用肖像权保护的有关规定。

（四）名誉权和荣誉权

【请求权基础】

☆☆☆《民法典》第1024条【名誉权和名誉】民事主体享有名誉权。任何组织或者个人不得以侮辱、诽谤等方式侵害他人的名誉权。

名誉是对民事主体的品德、声望、才能、信用等的社会评价。

☆☆☆《民法典》第1025条【新闻媒体侵权的认定】行为人为公共利益实施新闻报道、舆论监督等行为，影响他人名誉的，不承担民事责任，但是有下列情形之一的除外：

（一）捏造、歪曲事实；

（二）对他人提供的严重失实内容未尽到合理核实义务；

（三）使用侮辱性言辞等贬损他人名誉。

☆☆《民法典》第1026条【合理审查义务的认定】认定行为人是否尽到前条第二项规定的合理核实义务，应当考虑下列因素：

（一）内容来源的可信度；

（二）对明显可能引发争议的内容是否进行了必要的调查；

（三）内容的时限性；

（四）内容与公序良俗的关联性；

（五）受害人名誉受贬损的可能性；

（六）核实能力和核实成本。

☆☆☆《民法典》第1027条【文学、艺术作品的侵权认定】行为人发表的文学、艺术作品以真人真事或者特定人为描述对象，含有侮辱、诽谤内容，侵害他人名誉权的，受害人有权依法请求该行为人承担民事责任。

行为人发表的文学、艺术作品不以特定人为描述对象，仅其中的情节与该特定人的情况相似的，不承担民事责任。

☆☆《民法典》第1028条【报刊、网络媒体侵权认定】民事主体有证据证明报刊、网络等媒体报道的内容失实，侵害其名誉权的，有权请求该媒体及时采取更正或者删除等必要措施。

☆☆☆《民法典》第1029条【信用评价】民事主体可以依法查询自己的信用评价；发现信用评价不当的，有权提出异议并请求采取更正、删除等必要措施。信用评价人应当及时核查，经核查属实的，应当及时采取必要措施。

☆☆《民法典》第1030条【个人信息保护的类推适用】民事主体与征信机构等信用信息处理者之间的关系，适用本编有关个人信息保护的规定和其他法律、行政法规的有关规定。

☆☆《民法典》第1031条【荣誉权】民事主体享有荣誉权。任何组织或者个人不得非法剥夺他人的荣誉称号，不得诋毁、贬损他人的荣誉。

获得的荣誉称号应当记载而没有记载的，民事主体可以请求记载；获得的荣誉称号记载错误的，民事主体可以请求更正。

（五）隐私权和个人信息保护

【请求权基础】

☆☆☆《民法典》第1032条【隐私权和隐私】自然人享有隐私权。任何组织或者个人不得以刺探、侵扰、泄露、公开等方式侵害他人的隐私权。

隐私是自然人的私人生活安宁和不愿为他人知晓的私密空间、私密活动、私密信息。

☆☆☆《民法典》第1033条【隐私权的侵权形态】除法律另有规定或者权利人明确同意外，任何组织或者个人不得实施下列行为：

（一）以电话、短信、即时通讯工具、电子邮件、传单等方式侵扰他人的私人生活安宁；

（二）进入、拍摄、窥视他人的住宅、宾馆房间等私密空间；

（三）拍摄、窥视、窃听、公开他人的私密活动；

（四）拍摄、窥视他人身体的私密部位；

（五）处理他人的私密信息；

（六）以其他方式侵害他人的隐私权。

☆☆☆《民法典》第1034条【个人信息】自然人的个人信息受法律保护。

个人信息是以电子或者其他方式记录的能够单独或者与其他信息结合识别特定自然人的各种信息，包括自然人的姓名、出生日期、身份证件号码、生物识别信息、住址、电话号码、电子邮箱、健康信息、行踪信息等。

个人信息中的私密信息，适用有关隐私权的规定；没有规定的，适用有关个人信息保护的规定。

☆☆☆《民法典》第 1035 条【个人信息的合理使用】处理个人信息的，应当遵循合法、正当、必要原则，不得过度处理，并符合下列条件：

（一）征得该自然人或者其监护人同意，但是法律、行政法规另有规定的除外；

（二）公开处理信息的规则；

（三）明示处理信息的目的、方式和范围；

（四）不违反法律、行政法规的规定和双方的约定。

个人信息的处理包括个人信息的收集、存储、使用、加工、传输、提供、公开等。

☆☆☆《民法典》第 1036 条【处理个人信息的免责事由】处理个人信息，有下列情形之一的，行为人不承担民事责任：

（一）在该自然人或者其监护人同意的范围内合理实施的行为；

（二）合理处理该自然人自行公开的或者其他已经合法公开的信息，但是该自然人明确拒绝或者处理该信息侵害其重大利益的除外；

（三）为维护公共利益或者该自然人合法权益，合理实施的其他行为。

☆☆☆《民法典》第 1037 条【个人信息的知情权】自然人可以依法向信息处理者查阅或者复制其个人信息；发现信息有错误的，有权提出异议并请求及时采取更正等必要措施。

自然人发现信息处理者违反法律、行政法规的规定或者双方的约定处理其个人信息的，有权请求信息处理者及时删除。

☆☆☆《民法典》第 1038 条【收集和控制者的义务】信息处理者不得泄露或者篡改其收集、存储的个人信息；未经自然人同意，不得向他人非法提供其个人信息，但是经过加工无法识别特定个人且不能复原的除外。

信息处理者应当采取技术措施和其他必要措施，确保其收集、存储的个人信息安全，防止信息泄露、篡改、丢失；发生或者可能发生个人信息泄露、篡改、丢失的，应当及时采取补救措施，按照规定告知自然人并向有关主管部门报告。

☆☆☆《民法典》第 1039 条【国家机关及其工作人员的保密义务】国家机关、承担行政职能的法定机构及其工作人员对于履行职责过程中知悉的自然人的隐私和个人信息，应当予以保密，不得泄露或者向他人非法提供。

第十七模块

婚姻家庭

一、结婚制度

【请求权基础】

★★《民法典》第1051条【无效婚姻的情形】有下列情形之一的，婚姻无效：

（一）重婚；

（二）有禁止结婚的亲属关系；

（三）未到法定婚龄。

★★《民法典》第1052条【可撤销婚姻】因胁迫结婚的，受胁迫的一方可以向人民法院请求撤销婚姻。请求撤销婚姻的，应当自胁迫行为终止之日起一年内提出。

被非法限制人身自由的当事人请求撤销婚姻的，应当自恢复人身自由之日起一年内提出。

★★★《民法典》第1053条【可撤销婚姻】一方患有重大疾病的，应当在结婚登记前如实告知另一方；不如实告知的，另一方可以向人民法院请求撤销婚姻。

请求撤销婚姻的，应当自知道或者应当知道撤销事由之日起一年内提出。

★★★《民法典》第1054条【婚姻无效或被撤销的法律后果】无效的或者被撤销的婚姻自始没有法律约束力，当事人不具有夫妻的权利和义务。同居期间所得的财产，由当事人协议处理；协议不成的，由人民法院根据照顾无过错方的原则判决。对重婚导致的无效婚姻的财产处理，不得侵害合法婚姻当事人的财产权益。当事人所生的子女，适用本法关于父母子女的规定。

婚姻无效或者被撤销的，无过错方有权请求损害赔偿。

☆☆☆《民法典》第1073条【亲子关系的确认或否认】对亲子关系有异议且有正当理由的，父或者母可以向人民法院提起诉讼，请求确认或者否认亲子关系。

对亲子关系有异议且有正当理由的，成年子女可以向人民法院提起诉讼，请求确认亲子关系。

二、夫妻财产制度

【请求权基础】

☆☆☆《民法典》第1064条【夫妻共同债务】夫妻双方共同签名或者夫妻一方事后追认等共同意思表示所负的债务，以及夫妻一方在婚姻关系存续期间以个人名义为家庭日常生活需要所负的债务，属于夫妻共同债务。

夫妻一方在婚姻关系存续期间以个人名义超出家庭日常生活需要所负的债务，不属于夫妻共同债务；但是，债权人能够证明该债务用于夫妻共同生活、共同生产经营或者基于夫妻双方共同意思表示的除外。

三、离婚制度

【请求权基础】

★★★《民法典》第1076条【协议离婚的条件】夫妻双方自愿离婚的，应当签订书面离婚协议，并亲自到婚姻登记机关申请离婚登记。

离婚协议应当载明双方自愿离婚的意思表示和对子女抚养、财产以及债务处理等事项协商一致的意见。

☆☆☆《民法典》第1077条【协议离婚的程序】自婚姻登记机关收到离婚登记申请之日起三十日内，任何一方不愿意离婚的，可以向婚姻登记机关撤回离婚登记申请。

前款规定期限届满后三十日内，双方应当亲自到婚姻登记机关申请发给离婚证；未申请的，视为撤回离婚登记申请。

☆☆☆《民法典》第1080条【婚姻关系的解除】完成离婚登记，或者离婚判决书、调解书生效，即解除婚姻关系。

★★★《民法典》第1084条【离婚后父母子女关系】父母与子女间的关系，不因父母离婚而消除。离婚后，子女无论由父或者母直接抚养，仍是父母双方的子女。

离婚后，父母对于子女仍有抚养、教育、保护的权利和义务。

离婚后，不满两周岁的子女，以由母亲直接抚养为原则。已满两周岁的子女，父母双方对抚养问题协议不成的，由人民法院根据双方的具体情况，按照最有利于未成年子女的原则判决。子女已满八周岁的，应当尊重其真实意愿。

★★★《民法典》第1088条【离婚经济补偿】夫妻一方因抚育子女、照料老年人、协助另一方工作等负担较多义务的，离婚时有权向另一方请求补偿，另一方应当给予补偿。具体办法由双方协议；协议不成的，由人民法院判决。

★★《民法典》第1090条【离婚经济帮助】离婚时，如果一方生活困难，有负担能力的另一方应当给予适当帮助。具体办法由双方协议；协议不成的，由人民法院判决（注意：法院可以为困难方设置“居住权”）。

第十八模块

继 承

一、法定继承

【请求权基础】

★★★《民法典》第 1128 条【代位继承】被继承人的子女先于被继承人死亡的，由被继承人的子女的直系晚辈血亲代位继承。

被继承人的兄弟姐妹先于被继承人死亡的，由被继承人的兄弟姐妹的子女代位继承。

代位继承人一般只能继承被代位继承人有权继承的遗产份额。

［萌主点拨］1. 代位继承仅能发生在法定继承中；2. 代位继承人系第一顺序的拟制继承人。

二、遗嘱继承和遗赠

【请求权基础】

★★★《民法典》第 1133 条【遗嘱和遗赠的一般规定】自然人可以依照本法规定立遗嘱处分个人财产，并可以指定遗嘱执行人。

自然人可以立遗嘱将个人财产指定由法定继承人中的一人或者数人继承。

自然人可以立遗嘱将个人财产赠与国家、集体或者法定继承人以外的组织、个人。

自然人可以依法设立遗嘱信托。

★★★《民法典》第 1135 条【代书遗嘱】代书遗嘱应当有两个以上见证人在场见证，由其中一人代书，并由遗嘱人、代书人和其他见证人签名，注明年、月、日。

☆☆☆《民法典》第 1136 条【打印遗嘱】打印遗嘱应当有两个以上见证人在场见证。遗嘱人和见证人应当在遗嘱每一页签名，注明年、月、日。

★★★《民法典》第 1137 条【录音录像遗嘱】以录音录像形式立的遗嘱，应当有两个以上见证人在场见证。遗嘱人和见证人应当在录音录像中记录其姓名或者肖像，以及年、月、日。

★★★《民法典》第 1142 条【遗嘱的效力】遗嘱人可以撤回、变更自己所立的遗嘱。

立遗嘱后，遗嘱人实施与遗嘱内容相反的民事法律行为的，视为对遗嘱相关内容的撤回。

立有数份遗嘱，内容相抵触的，以最后的遗嘱为准。

【主观工坊】2020 年 1 月 1 日，周某在住院期间，与佳茵律师事务所签订了一份《非诉讼委托代理协议》，约定由佳茵律师事务所为其提供代书遗嘱服务，后佳茵律师事务所由于过失仅指派一名孟律师至医院对遗嘱进行见证，周某所立代书遗嘱中记载：由大儿子周健继承其名下房产。周某去世后，周某的两个儿子周健、周康因继承纠纷诉至法院。在诉讼过程中，法院认为该份代书遗嘱仅有一名见证人签名，根据《民法典》第1135条的规定，代书遗嘱因不符合法定形式而无效，周健不能依代书遗嘱单独取得房产。请问：

1. 遗嘱是单方民事法律行为还是双方民事法律行为？为什么？

2. 代书遗嘱的构成要件包括哪些？

3. 周健能否主张佳茵律师事务所对其承担赔偿责任？为什么？

答：1. 单方民事法律行为（1分）。因为遗嘱系依一方当事人的意思表示（“一方当事人的意思表示”系采分点，1分）而成立的民事法律行为。

2. 代书遗嘱应当有两个以上见证人在场见证（“两个以上见证人在场见证”系采分点，1分），由其中一人代书，并由遗嘱人、代书人和其他见证人签名（“签名”系采分点，1分），注明年、月、日（“注明年、月、日”系采分点，1分）。

3. 能（1分）。因为一般侵权的构成要件有四：(1) 侵害行为（1分）；(2) 损害后果（1分）；(3) 因果关系（1分）；(4) 主观过错（1分）。本案中，作为提供法律服务的专业机构，由于过失仅指派一名律师，主观上具有过错，造成了周健继承利益的丧失，律所侵权行为与周健继承利益丧失的损害后果之间存在因果关系。因此，佳茵律师事务所的行为满足一般侵权的构成要件，依法应当对周健承担侵权责任。

三、遗产的处理

【请求权基础】

☆☆☆《民法典》第1145条【遗产管理人】继承开始后，遗嘱执行人为遗产管理人；没有遗嘱执行人的，继承人应当及时推选遗产管理人；继承人未推选的，由继承人共同担任遗产管理人；没有继承人或者继承人均放弃继承的，由被继承人生前住所地的民政部门或者村民委员会担任遗产管理人。

☆☆☆《民法典》第1146条【遗产管理人的指定】对遗产管理人的确定有争议的，利害关系人可以向人民法院申请指定遗产管理人。

☆☆☆《民法典》第1147条【遗产管理人的职责】遗产管理人应当履行下列职责：

(一) 清理遗产并制作遗产清单；

(二) 向继承人报告遗产情况；

(三) 采取必要措施防止遗产毁损、灭失；

(四) 处理被继承人的债权债务；

(五) 按照遗嘱或者依照法律规定分割遗产；

(六) 实施与管理遗产有关的其他必要行为。

☆☆☆《民法典》第1148条【遗产管理人的责任】遗产管理人应当依法履行职责，因故意或者重大过失造成继承人、受遗赠人、债权人损害的，应当承担民事责任。

☆☆☆《民法典》第1149条【遗产管理人的报酬请求权】遗产管理人可以依照法律规定或者按照约定获得报酬。

☆☆☆《民法典》第1150条【继承开始后的通知】继承开始后，知道被继承人死亡的继承人应当及时通知其他继承人和遗嘱执行人。继承人中无人知道被继承人死亡或者知道被继承人死亡而不能通知的，由被继承人生前所在单位或者住所地的居民委员会、村民委员会负责通知。

☆☆☆《民法典》第1151条【遗产的保管】存有遗产的人，应当妥善保管遗产，任何组织或者个人不得侵吞或者争抢。

第十九模块 侵权责任

一、精神损害赔偿

【请求权基础】

☆☆☆《民法典》第 996 条【请求权竞合】因当事人一方的违约行为，损害对方人格权并造成严重精神损害，受损害方选择请求其承担违约责任的，不影响受损害方请求精神损害赔偿。

★★★《民法典》第 1183 条【精神损害赔偿】侵害自然人人身权益造成严重精神损害的，被侵权人有权请求精神损害赔偿。

因故意或者重大过失侵害自然人具有人身意义的特定物造成严重精神损害的，被侵权人有权请求精神损害赔偿。

二、七类特殊主体责任

七类特殊主体责任考点归纳表★★★							
	监护人责任	教育机构责任	用工责任	帮工责任	定作人责任	安保义务人责任	网络服务提供者责任
责任主体	监护人	教育机构	用人单位/接受劳务一方	被帮工人	定作人	公共场所经营者、管理者、组织者	网络服务提供者
归责原则	无过错	过错	无过错	无过错	过错	过错	过错
免责事由	1. 尽到监护职责，可以减轻 2. 被监护人有独立财产，补充	证明自己没有过错	非职务行为或个人行为	明确拒绝帮工	没有定作、指示或选任过失	证明自己没有过错	采取必要措施（删除、屏蔽、断开链接）

（一）监护人责任

【请求权基础】

★★★《民法典》第 1189 条【委托监护后的侵权责任】无民事行为能力人、限制民事行为能力人造成他人损害，监护人将监护职责委托给他人的，由监护人承担侵权责任；受托人有过错的，承担相应的责任。

（二）用工责任

【请求权基础】

★★★《民法典》第1191条【单位用工责任】用人单位的工作人员因执行工作任务造成他人损害的，由用人单位承担侵权责任。用人单位承担侵权责任后，可以向有故意或者重大过失的工作人员追偿。

劳务派遣期间，被派遣的工作人员因执行工作任务造成他人损害的，由接受劳务派遣的用工单位承担侵权责任；劳务派遣单位有过错的，承担相应的责任。

★★★《民法典》第1192条【个人用工责任】个人之间形成劳务关系，提供劳务一方因劳务造成他人损害的，由接受劳务一方承担侵权责任。接受劳务一方承担侵权责任后，可以向有故意或者重大过失的提供劳务一方追偿。提供劳务一方因劳务受到损害的，根据双方各自的过错承担相应的责任。

提供劳务期间，因第三人的行为造成提供劳务一方损害的，提供劳务一方有权请求第三人承担侵权责任，也有权请求接受劳务一方给予补偿。接受劳务一方补偿后，可以向第三人追偿。

【主观工坊】2020年3月3日，孟某请重庆喜自达搬家服务有限公司（以下简称喜自达公司）搬家，喜自达公司派出马某、曹某和徐某三人前往。在搬家过程中，马某发现孟某的掌上电脑遗落在一角，便偷偷藏入自己腰包；曹某和徐某在搬运孟某最珍贵的一盆兰花时不慎将其折弯，为此孟某与曹某和徐某二人争吵，争吵之时不知是谁将孟某阳台上的另一盆鲜花碰下，砸伤路人王某。马某、曹某、徐某见事已至此便溜之大吉。请问：孟某是否可以请求喜自达公司赔偿名贵兰花被折断造成的损失？为什么？

答：可以（1分）。因为用人单位的工作人员因执行工作任务（“执行工作任务”系采分点，1分）造成他人损害的，由用人单位（“用人单位”系采分点，1分）承担侵权责任。本案中，曹某和徐某在搬运孟某最珍贵的一盆兰花时不慎将其折断，依法应当由用人单位承担侵权责任。因此，孟某可以请求喜自达公司赔偿名贵兰花被折断造成的损失。

法律依据：《民法典》第1191条。

（三）网络服务提供者责任

【请求权基础】

★★《民法典》第1194条【网络侵权责任】网络用户、网络服务提供者利用网络侵害他人民事权益的，应当承担侵权责任。法律另有规定的，依照其规定。

★★★《民法典》第1195条【网络服务提供者应采取的措施】网络用户利用网络服务实施侵权行为的，权利人有权通知网络服务提供者采取删除、屏蔽、断开链接等必要措施。通知应当包括构成侵权的初步证据及权利人的真实身份信息。

网络服务提供者接到通知后，应当及时将该通知转送相关网络用户，并根据构成侵权的初步证据和服务类型采取必要措施；未及时采取必要措施的，对损害的扩大部分与该网络用户承担连带责任。

权利人因错误通知造成网络用户或者网络服务提供者损害的，应当承担侵权责任。法律另有规定的，依照其规定。

☆☆☆《民法典》第1196条【网络服务提供者的转送和告知义务】网络用户接到转送的通知后，可以向网络服务提供者提交不存在侵权行为的声明。声明应当包括不存在侵权行为的初步证据及网络用户的真实身份信息。

网络服务提供者接到声明后，应当将该声明转送发出通知的权利人，并告知其可以向有关部门投诉或者向人民法院提起诉讼。网络服务提供者在转送声明到达权利人后的合理期限内，未收到权利人已经投诉或者提起诉讼通知的，应当及时终止所采取的措施。

☆☆☆《民法典》第1197条【网络服务提供者的连带责任】网络服务提供者知道或者应当知道网络用户利用其网络服务侵害他人民事权益，未采取必要措施的，与该网络用户承担连带责任。

（四）安保义务人责任

【请求权基础】

★★★《民法典》第1198条【安保义务人责任】宾馆、商场、银行、车站、机场、体育场馆、娱乐场所等经营场所、公共场所的经营者、管理者或者群众性活动的组织者，未尽到安全保障义务，造成他人损害的，应当承担侵权责任。

因第三人的行为造成他人损害的，由第三人承担侵权责任；经营者、管理者或者组织者未尽到安全保障义务的，承担相应的补充责任。经营者、管理者或者组织者承担补充责任后，可以向第三人追偿。

三、七类典型的侵权责任

典型侵权责任考点汇总表★★★						
	产品责任	机动车交通事故责任	医疗损害责任	环境污染责任	违规饲养动物	高空抛物
责任主体	生产者、销售者	使用人	医疗机构	污染者	饲养人、管理人	可能加害建筑物使用人连带
归责原则	无过错（对外）	无过错（机VS非机）	过错	无过错	无过错	公平补偿规则
免责事由	生产者免责事由：1. 未将产品投入流通的；2. 产品投入流通时，引起损害的缺陷尚不存在的；3. 将产品投入流通时的科学技术水平尚不能发现缺陷的存在的	证明受害人有过错	证明自己没有过错：1. 患者或其近亲属不配合医疗机构进行符合诊疗规范的诊疗；2. 医务人员在抢救生命垂危的患者等紧急情况下已尽到合理诊疗义务；3. 限于当时的医疗水平难以诊疗	不可抗力并及时采取合理措施仍不能避免	受害人故意可以减轻	证明自己不是侵权人

（一）产品责任

【请求权基础】

★★★《民法典》第1203条【生产者与销售者之间的责任承担】因产品存在缺陷造成他人损害的，被侵权人可以向产品的生产者请求赔偿，也可以向产品的销售者请求赔偿。

产品缺陷由生产者造成的，销售者赔偿后，有权向生产者追偿。因销售者的过错使产品存在缺陷的，生产者赔偿后，有权向销售者追偿。

★★★《民法典》第 1206 条【缺陷产品的警示与召回】产品投入流通后发现存在缺陷的，生产者、销售者应当及时采取停止销售、警示、召回等补救措施；未及时采取补救措施或者补救措施不力造成损害扩大的，对扩大的损害也应当承担侵权责任。

依据前款规定采取召回措施的，生产者、销售者应当负担被侵权人因此支出的必要费用。

★★★《民法典》第 1207 条【惩罚性赔偿】明知产品存在缺陷仍然生产、销售，或者没有依据前条规定采取有效补救措施，造成他人死亡或者健康严重损害的，被侵权人有权请求相应的惩罚性赔偿。

【主观工坊】2019 年 10 月 10 日，孟某从国美电器以 19999 元的价格购买了一台三星公司生产的曲面电视机。10 月 12 日，国美电器送货上门，将电视机安装在了孟某家的客厅。10 月 16 日，孟某和妻子刘某在家里看电视时，电视机突然爆炸。孟某和刘某均被炸伤，孟某就医花费医药费 2000 元。请问：

1. 三星公司应承担过错责任还是无过错责任？

2. 孟某有权向谁主张侵权责任？为什么？

答：1. 无过错责任原则（1 分）。

2. 国美电器或者三星公司（2 分）。因为因产品存在缺陷造成损害的，被侵权人可以向产品的生产者请求赔偿，也可以向产品的销售者请求赔偿。本案中，因电视机存在缺陷造成孟某就医花费医药费 2000 元。因此，基于不真正连带责任（“不真正连带责任”系采分点，1 分）规则，孟某有权选择国美电器或三星公司承担侵权责任，即择一选择（“择一选择”系采分点，1 分）。

（二）环境污染和生态破坏责任

【请求权基础】

☆☆☆《民法典》第 1234 条【生态环境责任中的修复责任】违反国家规定造成生态环境损害，生态环境能够修复的，国家规定的机关或者法律规定的组织有权请求侵权人在合理期限内承担修复责任。侵权人在期限内未修复的，国家规定的机关或者法律规定的组织可以自行或者委托他人进行修复，所需费用由侵权人负担。

☆☆☆《民法典》第 1235 条【生态环境责任的赔偿范围】违反国家规定造成生态环境损害的，国家规定的机关或者法律规定的组织有权请求侵权人赔偿下列损失和费用：

（一）生态环境受到损害至修复完成期间服务功能丧失导致的损失；

（二）生态环境功能永久性损害造成的损失；

（三）生态环境损害调查、鉴定评估等费用；

（四）清除污染、修复生态环境费用；

（五）防止损害的发生和扩大所支出的合理费用。

（三）饲养动物损害责任

【请求权基础】

★★★《民法典》第 1246 条【违规饲养动物的致害责任】违反管理规定，未对动物采取安全措施造成他人损害的，动物饲养人或者管理人应当承担侵权责任；但是，能够证明损害是因被侵权人故意造成的，可以减轻责任。

（四）建筑物和物件损害责任

【请求权基础】

★★★《民法典》第1186条【公平补偿规则】受害人和行为人对损害的发生都没有过错的，依照法律的规定由双方分担损失。（即公平补偿规则）

★★★《民法典》第1254条【高空抛物致人损害】禁止从建筑物中抛掷物品。从建筑物中抛掷物品或者从建筑物上坠落的物品造成他人损害的，由侵权人依法承担侵权责任；经调查难以确定具体侵权人的，除能够证明自己不是侵权人的外，由可能加害的建筑物使用人给予补偿。可能加害的建筑物使用人补偿后，有权向侵权人追偿。

物业服务企业等建筑物管理人应当采取必要的安全保障措施防止前款规定情形的发生；未采取必要的安全保障措施的，应当依法承担未履行安全保障义务的侵权责任。

发生本条第一款规定的情形的，公安等机关应当依法及时调查，查清责任人。

［解读］高空抛物与共同危险行为的区别有三：

1. 在共同危险行为中，承担连带责任的各个行为人均实施了侵权行为，只是无法明确造成损害后果的具体侵权人；而在高空抛物致人损害的案件中，并非所有可能加害的建筑物使用人均实施了侵权行为。

2. 共同危险行为人需对损害后果承担连带赔偿责任；而高空抛物致人损害的案件中，可能加害的建筑物使用人只是承担连带补偿责任。

3. 共同危险行为案件中，责任主体欲免责，必须指明具体侵权人；而高空抛物致人损害的案件中，责任主体只要能够证明自己不是侵权人，即可免责。

［萌主点拨］共同危险行为VS高空抛物

共同危险行为VS高空抛物				
	行为实施主体	具体侵权人是否确定	责任主体	免责事由
共同危险行为	N个行为人均实施了侵害行为	×	无限连带赔偿责任	指明具体侵权人
高空抛物	1个行为人实施了侵害行为	×	由可能加害的建筑物使用人给予补偿	证明自己不是侵权人

★★★《民法典》第1258条【地面施工致害责任】在公共场所或者道路上挖掘、修缮安装地下设施等造成他人损害，施工人不能证明已经设置明显标志和采取安全措施的，应当承担侵权责任。

窨井等地下设施造成他人损害，管理人不能证明尽到管理职责的，应当承担侵权责任。

【主观工坊】2019年8月1日，赵某路过幸福小区时，二单元住房中一玻璃杯被抛掷到楼下，砸伤赵某，但无法查明何户抛掷该玻璃杯。随后，赵某以二单元所有住户为被告向法院提起诉讼，并以《民法典》第1170条①为依据，请求所有被告承担连带赔偿责任。

---

① 《民法典》第1170条【共同危险行为】二人以上实施危及他人人身、财产安全的行为，其中一人或者数人的行为造成他人损害，能够确定具体侵权人的，由侵权人承担责任；不能确定具体侵权人的，行为人承担连带责任。

在诉讼过程中，一楼住户吴某认为，玻璃杯不可能从一楼掉落将赵某砸伤。此外，案发时三楼住户马某一家在外地旅游，家中无人居住，房屋呈全封闭状态。请问：

1. 该案的性质如何认定？

2. 如果你是本案的法官，是否支持赵某的主张？

3. 吴某和马某能否免责？为什么？

4. 何机关负有查明具体侵权人的义务？

5. 幸福小区的物业公司是否需要承担赔偿责任？

答：1. 高空抛物致人损害（“高空抛物”系采分点，1分）。

2. 不支持（1分）。因为高空抛物案件依法应由可能加害的建筑物使用人（“可能加害的建筑物使用人”系采分点，1分，）连带补偿（“连带补偿”系采分点，1分）而非连带赔偿。因此，赵某的诉讼请求依法不予支持。

3. 可以（1分）。因为高空抛物案件，责任主体的免责事由系能够证明自己不是侵权人（“能够证明自己不是侵权人”系采分点，1分）。本案中，一楼住户吴某和三楼住户马某均能够证明自己不是侵权人。因此，二人均免责。

4. 公安等机关（1分）。

5. 物业服务企业已采取必要的安全保障措施（“已采取”系采分点，1分）防止高空抛物发生的，免责；未采取（“未采取”系采分点，1分）必要的安全保障措施的，应当依法承担未履行安全保障义务的侵权责任（“侵权责任”系采分点，1分）。

第二十模块

民法的基本原则

【请求权基础】

★★《民法典》第4条【平等原则】民事主体在民事活动中的法律地位一律平等。

[解读] 平等原则，应注意两方面的问题：

1. 形式意义上的平等：(1) 民事权利能力一律平等；(2) 法律地位一律平等；(3) 法律适用一律平等。

2. 实质意义上的平等。

★★《民法典》第5条【自愿原则】民事主体从事民事活动，应当遵循自愿原则，按照自己的意思设立、变更、终止民事法律关系。

[解读] 自愿原则，又称“意思自治原则”，应注意三方面的问题：

1. 强买强卖；

2. 虚假的意思表示；

3. 显失公平（新冠肺炎疫情）。

★★★《民法典》第6条【公平原则】民事主体从事民事活动，应当遵循公平原则，合理确定各方的权利和义务。

[解读] 公平原则，应注意四个方面的问题：

1. 车位置换案；

2. 显失公平；

3. 格式条款提供方的提示和说明义务；

4. 情势变更（新冠肺炎疫情）。

★★★《民法典》第7条【诚信原则】民事主体从事民事活动，应当遵循诚信原则，秉持诚实、恪守承诺。

[解读] 诚信原则，应注意五方面的问题：

1. 权利滥用（诉讼时效抗辩权滥用案）；

2. 法人人格否认制；

3. 流押（质）条款；

4. 附条件民事法律行为中的拟制效力；

5. 合同义务的违反（缔约过失责任和违约责任）。

★★《民法典》第8条【守法原则和公序良俗原则】民事主体从事民事活动，不得违反法律，不得违背公序良俗。

[解读] 守法与公序良俗原则，应注意三方面的问题：

1. 姓名权行使问题；

2. 生育问题，如代孕；

3. 第三者问题。

★★《民法典》第9条【绿色原则】民事主体从事民事活动，应当有利于节约资源、保护生态环境。

[解读] 绿色原则，应注意如下一个方面：环境污染和生态破坏责任。

【主观工坊】天津众森实业股份有限公司（以下简称众森公司）在天津水上公园旁开发预售期房，孟某、马某、曹某、徐某等近百人一次性支付了购房款，总额近1亿元。但众森公司迟迟未开工，按期交房无望。孟某、马某、曹某、徐某等购房人多次集体去众森公司交涉无果，险些引发群体性事件。面对房价疯涨，孟某、马某、曹某、徐某等购房人为另行购房，无奈与众森公司签订《退款协议书》，承诺放弃数额巨大利息、违约金的支付要求，领回原购房款。请问：

1. 众森公司预售期房需要何种手续？

2. 众森公司迟迟未开工，按期交房无望是否构成违约？

3.《退款协议书》违反了民法的哪项基本原则？为什么？

答：1. 预售许可证（1分）。

2. 构成预期违约（1分）。

3. 答案一：自愿原则（1分）。因为根据《民法典》第5条的规定，民事主体从事民事活动，应当遵循自愿原则，按照自己的意思（“自己的意思”系采分点，1分）设立、变更、终止民事法律关系。本案中，《退款协议书》系购房人无奈与众森公司签订。因此，违反了民法的自愿原则。

答案二：公平原则（1分）。因为根据《民法典》第6条的规定，民事主体从事民事活动，应当遵循公平原则，合理确定（“合理确定”系采分点，1分）各方的权利和义务。本案中，众森公司利用购房人处于危困状态，致使《退款协议书》成立时显失公平。因此违反了公平原则。

第二十一模块

权利行使的期间限制

一、诉讼时效期间

【请求权基础】

★★★《民法典》第188条【诉讼时效期间的长短及计算】向人民法院请求保护民事权利的诉讼时效期间为三年。法律另有规定的，依照其规定。

诉讼时效期间自权利人知道或者应当知道权利受到损害以及义务人之日起计算。法律另有规定的，依照其规定。但是，自权利受到损害之日起超过二十年的，人民法院不予保护，有特殊情况的，人民法院可以根据权利人的申请决定延长。

★★★《民法典》第189条【分期履行债务的诉讼时效起算】当事人约定同一债务分期履行的，诉讼时效期间自最后一期履行期限届满之日起计算。

★★《民法典》第190条【无民事行为能力人或限制民事行为能力人对其法定代理人的请求权的诉讼时效的起算】无民事行为能力人或者限制民事行为能力人对其法定代理人的请求权的诉讼时效期间，自该法定代理终止之日起计算。

★★《民法典》第191条【未成年人遭受性侵害的损害赔偿请求权的诉讼时效起算】未成年人遭受性侵害的损害赔偿请求权的诉讼时效期间，自受害人年满十八周岁之日起计算。

★★《民法典》第192条【诉讼时效期间届满后的效力】诉讼时效期间届满的，义务人可以提出不履行义务的抗辩。

诉讼时效期间届满后，义务人同意履行的，不得以诉讼时效期间届满为由抗辩；义务人已经自愿履行的，不得请求返还。

★★《民法典》第193条【被动司法】人民法院不得主动适用诉讼时效的规定。

★★★《民法典》第194条【诉讼时效的中止】在诉讼时效期间的最后六个月内，因下列障碍，不能行使请求权的，诉讼时效中止：

（一）不可抗力；

（二）无民事行为能力人或者限制民事行为能力人没有法定代理人，或者法定代理人死亡、丧失民事行为能力、丧失代理权；

（三）继承开始后未确定继承人或者遗产管理人；

（四）权利人被义务人或者其他人控制；

（五）其他导致权利人不能行使请求权的障碍。

自中止时效的原因消除之日起满六个月，诉讼时效期间届满。

★★《民法典》第195条【诉讼时效的中断】有下列情形之一的，诉讼时效中断，从中断、有关程序终结时起，诉讼时效期间重新计算：

（一）权利人向义务人提出履行请求；

（二）义务人同意履行义务；

（三）权利人提起诉讼或者申请仲裁；

（四）与提起诉讼或者申请仲裁具有同等效力的其他情形。

★★★《民法典》第196条【诉讼时效的适用范围】下列请求权不适用诉讼时效的规定：

（一）请求停止侵害、排除妨碍、消除危险；

（二）不动产物权和登记的动产物权的权利人请求返还财产；

（三）请求支付抚养费、赡养费或者扶养费；

（四）依法不适用诉讼时效的其他请求权。

★★《民法典》第197条【诉讼时效的性质】诉讼时效的期间、计算方法以及中止、中断的事由由法律规定，当事人约定无效。

当事人对诉讼时效利益的预先放弃无效。

★★《民法典》第198条【仲裁时效】法律对仲裁时效有规定的，依照其规定；没有规定的，适用诉讼时效的规定。

二、除斥期间

【请求权基础】

★★《民法典》第199条【除斥期间】法律规定或者当事人约定的撤销权、解除权等权利的存续期间，除法律另有规定外，自权利人知道或者应当知道权利产生之日起计算，不适用有关诉讼时效中止、中断和延长的规定。存续期间届满，撤销权、解除权等权利消灭。

第二十二模块

新冠肺炎疫情

一、新冠肺炎的基本法律认识

2003 年“非典”、2020 年新冠肺炎均是我国近年突发的公共卫生事件，对经济社会和商业交易亦产生重大影响。从微观上而言，重大疫情对合同当事人的合同履行也产生实质上的阻碍，引发一系列合同纠纷，解决相关纠纷的关键在于理清如下问题。

（一）重大疫情系不可抗力还是情势变更？

不可抗力和情势变更均系外界影响合同履行的重大障碍，因此须结合案情判断该疫情是否导致合同不能履行或继续履行合同对于一方当事人明显不公平或不能实现合同目的，方可决定是否适用不可抗力和情势变更的相关条款。另外，判断案情属于不可抗力还是情势变更，须掌握不可抗力与情势变更的区别。

《民法典》第 180 条第 2 款对不可抗力作了界定：“不可抗力是不能预见、不能避免且不能克服的客观情况”；并在第 563 条中将其作为合同解除事由之一。《民法典》第 533 条第 1 款对情势变更的定义是“合同成立后，合同的基础条件发生了当事人在订立合同时无法预见的、不属于商业风险的重大变化，继续履行合同对于当事人一方明显不公平的，受不利影响的当事人可以与对方重新协商；在合理期限内协商不成的，当事人可以请求人民法院或仲裁机构变更或解除合同。”

不可抗力和情势变更主要在不能履行的程度、适用条件存在明显区别：

1. 不可抗力导致一方当事人完全不能履行该合同；情势变更一般只造成履行严重困难或者显失公平；

2. 不可抗力系当事人单方法定解除权事由，可以直接向另一方当事人主张免除违约责任；情势变更须当事人请求人民法院或仲裁机构变更或解除合同。

（二）当事人如何以不可抗力主张免除违约责任？

《民法典》第 590 条第 1 款第 1 句规定：“当事人一方因不可抗力不能履行合同的，根据不可抗力的影响，部分或全部免除责任，但是法律另有规定的除外。”不可抗力对于违约责任的免除具有重大意义，司法实践中对于不可抗力认定的裁判尺度较为严格。一方面，不可抗力须导致合同无法履行。以租赁合同为例，合同须在疫情发生之前已经签署生效，且在疫情暴发前正常履行，没有迟延履行的情形，且租赁合同的履行须受到了疫情的直接影响，一般要求因政府及有关部门为防治疫情而采取行政措施直接导致合同不能履行。另一方面，当事人应当依据《民法典》第 590 条第 1 款第 2 句的规定及时通知对方，以减少可能给对方造成的损失，并应当在合理期限内提供证明。此系为了防止当事人滥用不可抗力作为免责事由，逃避履行义务，同时也是为了防止当事人放任事态，导致损失扩大。

（三）违约金调整中的公平原则

重大疫情不可归责于合同任何一方，亦对双方当事人产生重大影响，由此导致的合同无法履行所造成的损失不能由一方当事人完全承担。

《民法典》第6条规定："民事主体从事民事活动，应当遵循公平原则，合理确定各方的权利和义务。"疫情期间的租赁合同违约责任分配应体现公平原则，由双方合理分担，根据双方的过错程度、经济损失等因素，对违约金进行酌情调整。除违约金外，疫情期间的司法实践亦存在大量减免租金的案例，譬如北京市人民政府发布的《关于防治非典型肺炎期间保持社会稳定促进经济发展的若干政策措施》规定："商业、服务业、餐饮业、娱乐场所等受非典型肺炎疫情影响经营困难的，减免租金30%"，均系公平原则在违约责任分配中的体现，须结合案情进行具体评价。

【请求权基础】

☆☆☆《民法典》第34条【监护人的监护职责】监护人的职责是代理被监护人实施民事法律行为，保护被监护人的人身权利、财产权利以及其他合法权益等。

监护人依法履行监护职责产生的权利，受法律保护。

监护人不履行监护职责或者侵害被监护人合法权益的，应当承担法律责任。

因发生突发事件等紧急情况，监护人暂时无法履行监护职责，被监护人的生活处于无人照料状态的，被监护人住所地的居民委员会、村民委员会或者民政部门应当为被监护人安排必要的临时生活照料措施。

★★★《民法典》第245条【征用】因抢险救灾、疫情防控等紧急需要，依照法律规定的权限和程序可以征用组织、个人的不动产或者动产。被征用的不动产或者动产使用后，应当返还被征用人。组织、个人的不动产或者动产被征用或者征用后毁损、灭失的，应当给予补偿。

★★★《民法典》第285条【业主的监督权】物业服务企业或者其他管理人根据业主的委托，依照本法第三编有关物业服务合同的规定管理建筑区划内的建筑物及其附属设施，接受业主的监督，并及时答复业主对物业服务情况提出的询问。

物业服务企业或者其他管理人应当执行政府依法实施的应急处置措施和其他管理措施，积极配合开展相关工作。

★★★《民法典》第286条【业主、业主大会和业主委员会的权利】业主应当遵守法律、法规以及管理规约，相关行为应当符合节约资源、保护生态环境的要求。对于物业服务企业或者其他管理人执行政府依法实施的应急处置措施和其他管理措施，业主应当依法予以配合。

业主大会或者业主委员会，对任意弃置垃圾、排放污染物或者噪声、违反规定饲养动物、违章搭建、侵占通道、拒付物业费等损害他人合法权益的行为，有权依照法律、法规以及管理规约，请求行为人停止侵害、排除妨碍、消除危险、恢复原状、赔偿损失。

业主或者其他行为人拒不履行相关义务的，有关当事人可以向有关行政主管部门报告或者投诉，有关行政主管部门应当依法处理。

★★★《民法典》第494条【国家计划合同】国家根据抢险救灾、疫情防控或者其他需要下达国家订货任务、指令性任务的，有关民事主体之间应当依照有关法律、行政法规规定的权利和义务订立合同。

依照法律、行政法规的规定负有发出要约义务的当事人，应当及时发出合理的要约。

依照法律、行政法规的规定负有作出承诺义务的当事人，不得拒绝对方合理的订立合同要求。

★★★《民法典》第534条【合同的监管】对当事人利用合同实施危害国家利益、社会公共利益行为的，市场监督管理和其他有关行政主管部门依照法律、行政法规的规定负责监督处理。

★★★《民法典》第792条【国家重大工程合同的订立】国家重大建设工程合同，应当按照国家规定的程序和国家批准的投资计划、可行性研究报告等文件订立。

二、新冠肺炎的司法实务

2020年，新冠肺炎疫情在世界范围内暴发。我国采取了一系列疫情防控措施，包括停工、停产、交通管制等。关于疫情以及相应防控措施的性质，立法机构明确其为不可抗力。最高人民法院发布的《新冠肺炎指导意见（一）》将其作为情势变更事由进行了规定。

最高人民法院

《关于依法妥善审理涉新冠肺炎疫情民事案件若干问题的指导意见（一）》

2020年4月16日

为贯彻落实党中央关于统筹推进新冠肺炎疫情防控和经济社会发展工作部署会议精神，依法妥善审理涉新冠肺炎疫情民事案件，维护人民群众合法权益，维护社会和经济秩序，维护社会公平正义，依照法律、司法解释相关规定，结合审判实践经验，提出如下指导意见。

一、充分发挥司法服务保障作用。各级人民法院要充分认识此次疫情对经济社会产生的重大影响，立足统筹推进疫情防控和经济社会发展工作大局，充分发挥司法调节社会关系的作用，积极参与诉源治理，坚持把非诉讼纠纷解决机制挺在前面，坚持调解优先，积极引导当事人协商和解、共担风险、共渡难关，切实把矛盾解决在萌芽状态、化解在基层。在涉疫情民事案件审理过程中，根据案件实际情况，准确适用法律，平衡各方利益，保护当事人合法权益，服务经济社会发展，实现法律效果与社会效果的统一。

二、依法准确适用不可抗力规则。人民法院审理涉疫情民事案件，要准确适用不可抗力的具体规定，严格把握适用条件。对于受疫情或者疫情防控措施直接影响而产生的民事纠纷，符合不可抗力法定要件的，适用《中华人民共和国民法总则》第180条（《民法典》第180条）、《中华人民共和国合同法》第117条和第118条（《民法典》第590条[①]）等规定妥善处理；其他法律、行政法规另有规定的，依照其规定。当事人主张适用不可抗

① 《民法典》第590条：当事人一方因不可抗力不能履行合同的，根据不可抗力的影响，部分或者全部免除责任，但是法律另有规定的除外。因不可抗力不能履行合同的，应当及时通知对方，以减轻可能给对方造成的损失，并应当在合理期限内提供证明。当事人迟延履行后发生不可抗力的，不免除其违约责任。

力部分或者全部免责的，应当就不可抗力直接导致民事义务部分或者全部不能履行的事实承担举证责任。

三、依法妥善审理合同纠纷案件。受疫情或者疫情防控措施直接影响而产生的合同纠纷案件，除当事人另有约定外，在适用法律时，应当综合考量疫情对不同地区、不同行业、不同案件的影响，准确把握疫情或者疫情防控措施与合同不能履行之间的因果关系和原因力大小，按照以下规则处理：

（一）疫情或者疫情防控措施直接导致合同不能履行的，依法适用不可抗力的规定，根据疫情或者疫情防控措施的影响程度部分或者全部免除责任。当事人对于合同不能履行或者损失扩大有可归责事由的，应当依法承担相应责任。因疫情或者疫情防控措施不能履行合同义务，当事人主张其尽到及时通知义务的，应当承担相应举证责任。

（二）疫情或者疫情防控措施仅导致合同履行困难的，当事人可以重新协商；能够继续履行的，人民法院应当切实加强调解工作，积极引导当事人继续履行。当事人以合同履行困难为由请求解除合同的，人民法院不予支持。继续履行合同对于一方当事人明显不公平，其请求变更合同履行期限、履行方式、价款数额等的，人民法院应当结合案件实际情况决定是否予以支持。合同依法变更后，当事人仍然主张部分或者全部免除责任的，人民法院不予支持。因疫情或者疫情防控措施导致合同目的不能实现，当事人请求解除合同的，人民法院应予支持。

（三）当事人存在因疫情或者疫情防控措施得到政府部门补贴资助、税费减免或者他人资助、债务减免等情形的，人民法院可以作为认定合同能否继续履行等案件事实的参考因素。

四、依法处理劳动争议案件。加强与政府及有关部门的协调，支持用人单位在疫情防控期间依法依规采用灵活工作方式。审理涉疫情劳动争议案件时，要准确适用《中华人民共和国劳动法》第 26 条、《中华人民共和国劳动合同法》第 40 条等规定。用人单位仅以劳动者是新冠肺炎确诊患者、疑似新冠肺炎患者、无症状感染者、被依法隔离人员或者劳动者来自疫情相对严重的地区为由主张解除劳动关系的，人民法院不予支持。就相关劳动争议案件的处理，应当正确理解和参照适用国务院有关行政主管部门以及省级人民政府等制定的在疫情防控期间妥善处理劳动关系的政策文件。

五、依法适用惩罚性赔偿。经营者在经营口罩、护目镜、防护服、消毒液等防疫物品以及食品、药品时，存在《中华人民共和国消费者权益保护法》第 55 条、《中华人民共和国食品安全法》第 148 条第 2 款、《中华人民共和国药品管理法》第 144 条第 3 款、《最高人民法院关于审理食品药品纠纷案件适用法律若干问题的规定》第 15 条规定情形，消费者主张依法适用惩罚性赔偿的，人民法院应予支持。

六、依法中止诉讼时效。在诉讼时效期间的最后 6 个月内，因疫情或者疫情防控措施不能行使请求权，权利人依据《中华人民共和国民法总则》第 194 条（《民法典》第 194 条）第 1 款第（一）项规定主张诉讼时效中止的，人民法院应予支持。

七、依法顺延诉讼期间。因疫情或者疫情防控措施耽误法律规定或者人民法院指定的诉讼期限，当事人根据《中华人民共和国民事诉讼法》第 83 条规定申请顺延期限的，人民法院应当根据疫情形势以及当事人提供的证据情况综合考虑是否准许，依法保护当事人诉讼权利。当事人系新冠肺炎确诊患者、疑似新冠肺炎患者、无症状感染者以及相关密切接触者，在被依法隔离期间诉讼期限届满，根据该条规定申请顺延期限的，人民法院应予准许。

八、加大司法救助力度。对于受疫情影响经济上确有困难的当事人申请免交、减交或者缓交诉讼费用的，人民法院应当依法审查并及时作出相应决定。对于确实需要进行司法救助的诉讼参加人，要依据其申请，及时采取救助措施。

九、灵活采取保全措施。对于受疫情影响陷入困境的企业特别是中小微企业、个体工商户，可以采取灵活的诉讼财产保全措施或者财产保全担保方式，切实减轻企业负担，助力企业复工复产。

十、切实保障法律适用统一。各级人民法院要加强涉疫情民事案件审判工作的指导和监督，充分发挥专业法官会议、审判委员会的作用，涉及重大、疑难、复杂案件的法律适用问题，应当及时提交审判委员会讨论决定。上级人民法院应当通过发布典型案例等方式加强对下级人民法院的指导，确保裁判标准统一。

最高人民法院
《关于依法妥善审理涉新冠肺炎疫情民事案件若干问题的指导意见（二）》

2020 年 5 月 15 日

为进一步贯彻落实党中央关于统筹推进新冠肺炎疫情防控和经济社会发展工作部署，扎实做好“六稳”工作，落实“六保”任务，指导各级人民法院依法妥善审理涉新冠肺炎疫情合同、金融、破产等民事案件，提出如下指导意见。

一、关于合同案件的审理

1. 疫情或者疫情防控措施导致当事人不能按照约定的期限履行买卖合同或者履行成本增加，继续履行不影响合同目的的实现，当事人请求解除合同的，人民法院不予支持。

疫情或者疫情防控措施导致出卖人不能按照约定的期限完成订单或者交付货物，继续履行不能实现买受人的合同目的，买受人请求解除合同，返还已经支付的预付款或者定金的，人民法院应予支持；买受人请求出卖人承担违约责任的，人民法院不予支持。

2. 买卖合同能够继续履行，但疫情或者疫情防控措施导致人工、原材料、物流等履约成本显著增加，或者导致产品大幅降价，继续履行合同对一方当事人明显不公平，受不利影响的当事人请求调整价款的，人民法院应当结合案件的实际情况，根据公平原则调整价款。疫情或者疫情防控措施导致出卖人不能按照约定的期限交货，或者导致买受人不能按照约定的期限付款，当事人请求变更履行期限的，人民法院应当结合案件的实际情况，根据公平原则变更履行期限。

已经通过调整价款、变更履行期限等方式变更合同，当事人请求对方承担违约责任的，人民法院不予支持。

3. 出卖人与买受人订立防疫物资买卖合同后，将防疫物资高价转卖他人致使合同不能履行，买受人请求将出卖人所得利润作为损失赔偿数额的，人民法院应予支持。因政府依法调用或者临时征用防疫物资，致使出卖人不能履行买卖合同，买受人请求出卖人承担违约责任的，人民法院不予支持。

4. 疫情或者疫情防控措施导致出卖人不能按照商品房买卖合同约定的期限交付房屋，或者导致买受人不能按照约定的期限支付购房款，当事人请求解除合同，由对方当事人承担违约责任的，人民法院不予支持。但是，当事人请求变更履行期限的，人民法院应当结合案件的实际情况，根据公平原则进行变更。

5. 承租房屋用于经营，疫情或者疫情防控措施导致承租人资金周转困难或者营业收入明显减少，出租人以承租人没有按照约定的期限支付租金为由请求解除租赁合同，由承租人承担违约责任的，人民法院不予支持。

为展览、会议、庙会等特定目的而预订的临时场地租赁合同，疫情或者疫情防控措施导致该活动取消，承租人请求解除租赁合同，返还预付款或者定金的，人民法院应予支持。

6. 承租国有企业房屋以及政府部门、高校、研究院所等行政事业单位房屋用于经营，受疫情或者疫情防控措施影响出现经营困难的服务业小微企业、个体工商户等承租人，请求出租人按照国家有关政策免除一定期限内的租金的，人民法院应予支持。

承租非国有房屋用于经营，疫情或者疫情防控措施导致承租人没有营业收入或者营业收入明显减少，继续按照原租赁合同支付租金对其明显不公平，承租人请求减免租金、延长租期或者延期支付租金的，人民法院可以引导当事人参照有关租金减免的政策进行调解；调解不成的，应当结合案件的实际情况，根据公平原则变更合同。

7. 疫情或者疫情防控措施导致承包方未能按照约定的工期完成施工，发包方请求承包方承担违约责任的，人民法院不予支持；承包方请求延长工期的，人民法院应当视疫情或者疫情防控措施对合同履行的影响程度酌情予以支持。

疫情或者疫情防控措施导致人工、建材等成本大幅上涨，或者使承包方遭受人工费、设备租赁费等损失，继续履行合同对承包方明显不公平，承包方请求调整价款的，人民法院应当结合案件的实际情况，根据公平原则进行调整。

8. 当事人订立的线下培训合同，受疫情或者疫情防控措施影响不能进行线下培训，能够通过线上培训、变更培训期限等方式实现合同目的，接受培训方请求解除的，人民法院不予支持；当事人请求通过线上培训、变更培训期限、调整培训费用等方式继续履行合同的，人民法院应当结合案件的实际情况，根据公平原则变更合同。

受疫情或者疫情防控措施影响不能进行线下培训，通过线上培训方式不能实现合同目的，或者案件实际情况表明不宜进行线上培训，接受培训方请求解除合同的，人民法院应予支持。具有时限性要求的培训合同，变更培训期限不能实现合同目的，接受培训方请求解除合同的，人民法院应予支持。培训合同解除后，已经预交的培训费，应当根据接受培训的课时等情况全部或者部分予以返还。

9. 限制民事行为能力人未经其监护人同意，参与网络付费游戏或者网络直播平台“打赏”等方式支出与其年龄、智力不相适应的款项，监护人请求网络服务提供者返还该款项的，人民法院应予支持。

二、关于金融案件的审理

10. 对于受疫情或者疫情防控措施影响较大的行业，以及具有发展前景但受疫情或者疫情防控措施影响暂遇困难的企业特别是中小微企业所涉金融借款纠纷，人民法院在审理中要充分考虑中国人民银行等五部门发布的《关于进一步强化金融支持防控新型冠状病毒感染肺炎疫情的通知》等系列金融支持政策：对金融机构违反金融支持政策提出的借款提前到期、单方解除合同等诉讼主张，人民法院不予支持；对金融机构收取的利息以及以咨询费、担保费等其他费用为名收取的变相利息，要严格依据国家再贷款再贴现等专项信贷优惠利率政策的规定，对超出部分不予支持；对因感染新冠肺炎住院治疗或者隔离人员、疫情防控需要隔离观察人员、参加疫情防控工作人员以及受疫情或者疫情防控措施影响暂时失去收入来源的人员所涉住房按揭、信用卡等个人还贷纠纷，人民法院应当结合案件的实际情况，根据公平原则变更还款期限。

11. 防疫物资生产经营企业以其生产设备、原材料、半成品、产品等动产设定浮动抵押，抵押权人依照《中华人民共和国民事诉讼法》第196的规定申请实现担保物权的，人民法院受理申请后，被申请人或者利害关系人能够证明实现抵押权将危及企业防疫物资生产经营的，可待疫情或者疫情防控措施影响因素消除后再行处理。

12. 对于因疫情防控期间证券市场价格波动引发的股票质押和融资融券纠纷，应当区分不同情形处理：对于债权人为证券公司的场内股票质押和融资融券纠纷，人民法院可以参照中国证监会发布的有关政策，引导证券公司按照政策与不同客户群体协商解决纠纷；协商不成的，对于客户要求证券公司就违规强行平仓导致损失扩大部分承担赔偿责任的诉讼请求，依法予以支持。对于债权人为其他金融机构的场外股票质押纠纷，人民法院应当充分考虑股票质权实现对上市公司正常经营的影响，加强政策引导和各方利益协调，努力降低对证券市场的影响。

13. 人民法院审理因上市公司虚假陈述侵权民事赔偿案件，在认定投资者损失数额时，应当根据《最高人民法院关于审理证券市场因虚假陈述引发的民事赔偿案件的若干规定》第19条第（四）项的规定，区分疫情或者疫情防控措施影响因素和虚假陈述因素所导致的股价下跌损失，依法公平、合理确定损失赔偿范围。

14. 对于批发零售、住宿餐饮、物流运输、文化旅游等受疫情或者疫情防控措施影响严重的公司或者其股东、实际控制人与投资方因履行“业绩对赌协议”引发的纠纷，人民法院应当充分考虑疫情或者疫情防控措施对目标公司业绩影响的实际情况，引导双方当事人协商变更或者解除合同。当事人协商不成，按约定的业绩标准或者业绩补偿数额继续履行对一方当事人明显不公平的，人民法院应当结合案件的实际情况，根据公平原则变更或者解除合同；解除合同的，应当依法合理分配因合同解除造成的损失。

“业绩对赌协议”未明确约定公司中小股东与控股股东或者实际控制人就业绩补偿承担连带责任的，对投资方要求中小股东与公司、控制股东或实际控制人共同向其承担连带责任的诉讼请求，人民法院不予支持。

15. 在审理与疫情或者疫情防控措施相关的医疗保险合同纠纷案件时，对于保险人提出的该疾病不属于商业医疗保险合同约定的重大疾病范围或者保险事故的抗辩，人民法院不予支持。感染新冠肺炎的被保险人因疫情或者疫情防控措施未在保险合同约定的医疗服务机构接受治疗发生的约定费用，被保险人、受益人依据保险合同的约定向保险人请求赔付的，人民法院应予支持。被保险人因其他疾病在非保险合同约定的医疗服务机构接受治疗发生的约定费用，确系疫情或者疫情防控措施等客观原因造成，被保险人、受益人请求赔付的，人民法院应予支持。被保险人、受益人根据疫情防控期间保险公司赠与的医疗保险合同的约定请求赔付的，人民法院应予支持。

16. 在审理融资租赁公司与医疗服务机构之间开展的医疗设备融资租赁业务所引发的民事纠纷案件时，对于医疗服务机构以融资租赁公司未取得医疗器械销售行政许可为由主张融资租赁合同无效的抗辩，人民法院不予支持。

三、关于破产案件的审理

17. 企业受疫情或者疫情防控措施影响不能清偿到期债务，债权人提出破产申请的，人民法院应当积极引导债务人与债权人进行协商，通过采取分期付款、延长债务履行期限、变更合同价款等方式消除破产申请原因，或者引导债务人通过庭外调解、庭外重组、预重整等方式化解债务危机，实现对企业尽早挽救。

18. 人民法院在审查企业是否符合破产受理条件时，要注意审查企业陷入困境是否因疫情或者疫情防控措施所致而进行区别对待。对于疫情爆发前经营状况良好，因疫情或者疫情防控措施影响而导致经营、资金周转困难无法清偿到期债务的企业，要结合企业持续经营能力、所在行业的发展前景等因素全面判定企业清偿能力，防止简单依据特定时期的企业资金流和资产负债情况，裁定原本具备生存能力的企业进入破产程序。对于疫情爆发前已经陷入困境，因疫情或者疫情防控措施导致生产经营进一步恶化，确已具备破产原因的企业，应当依法及时受理破产申请，实现市场优胜劣汰和资源重新配置。

19. 要进一步推进执行与破产程序的衔接。在执行程序中发现被执行人因疫情影响具备破产原因但具有挽救价值的，应当通过释明等方式引导债权人或者被执行人将案件转入破产审查，合理运用企业破产法规定的执行中止、保全解除、停息止付等制度，有效保全企业营运价值，为企业再生赢得空间。同时积极引导企业适用破产重整、和解程序，全面解决企业债务危机，公平有序清偿全体债权人，实现对困境企业的保护和拯救。

执行法院作出移送决定前已经启动的司法拍卖程序，在移送决定作出后可以继续进行。拍卖成交的，拍卖标的不再纳入破产程序中债务人财产范围，但是拍卖所得价款应当按照破产程序依法进行分配。执行程序中已经作出资产评估报告或者审计报告，且评估结论在有效期内或者审计结论满足破产案件需要的，可以在破产程序中继续使用。

20. 在破产重整程序中，对于因疫情或者疫情防控措施影响而无法招募投资人、开展尽职调查以及协商谈判等原因不能按期提出重整计划草案的，人民法院可以依债务人或者管理人的申请，根据疫情或者疫情防控措施对重整工作的实际影响程度，合理确定不应当计入《企业破产法》第 79 条规定期限的期间，但一般不得超过 6 个月。

对于重整计划或者和解协议已经进入执行阶段，但债务人因疫情或者疫情防控措施影响而难以执行的，人民法院要积极引导当事人充分协商予以变更。协商变更重整计划或者和解协议的，按照《全国法院破产审判工作会议纪要》第 19 条、第 20 条的规定进行表决并提交法院批准。但是，仅涉及执行期限变更的，人民法院可以依债务人或债权人的申请直接作出裁定，延长的期限一般不得超过 6 个月。

21. 要切实保障债权人的实体权利和程序权利，减少疫情或者疫情防控措施对债权人权利行使造成的不利影响。受疫情或者疫情防控措施影响案件的债权申报期限，可以根据具体情况采取法定最长期限。债权人确因疫情或者疫情防控措施影响无法按时申报债权或者提供有关证据资料，应当在障碍消除后 10 日内补充申报，补充申报人可以不承担审查和确认补充申报债权的费用。因疫情或者疫情防控措施影响，确有必要延期组织听证、召开债权人会议的，应当依法办理有关延期手续，管理人应当提前 15 日告知债权人等相关主体，并做好解释说明工作。

22. 要最大限度维护债务人的持续经营能力，充分发挥共益债务融资的制度功能，为持续经营提供资金支持。债务人企业具有继续经营的能力或者具备生产经营防疫物资条件的，人民法院应当积极引导和支持管理人或者债务人根据《企业破产法》第 26 条、第 61 条的规定继续债务人的营业，在保障债权人利益的基础上，选择适当的经营管理模式，充分运用府院协调机制，发掘、释放企业产能。

坚持财产处置的价值最大化原则，积极引导管理人充分评估疫情或者疫情防控措施对资产处置价格的影响，准确把握处置时机和处置方式，避免因资产价值的不当贬损而影响债权人利益。

23. 疫情防控期间，要根据《最高人民法院关于推进破产案件依法高效审理的意见》的要求，进一步推进信息化手段在破产公告通知、债权申报、债权人会议召开、债务人财产查询和处置、引进投资人等方面的深度应用，在加大信息公开和信息披露力度、依法保障债权人的知情权和参与权的基础上，助力疫情防控工作，进一步降低破产程序成本，提升破产程序效率。

附录

法考民法重点考点汇总表

一、民法中典型撤销权汇总表★★★

民法中典型撤销权汇总表★★★						
类型	效力待定的民事法律行为中善意相对人的撤销权	可撤销的民事法律行为的撤销权	合同保全的撤销权（债权人撤销权）	赠与合同的任意撤销权	赠与合同的法定撤销权	可撤销的婚姻的撤销权
撤销事由	1. 限制民事行为能力人所实施的与其意思能力不相适应的双方民事法律行为 2. 无权代理	1. 重大误解 2. 欺诈 3. 胁迫 4. 显失公平	放弃债权和担保；串通延长且知道；无偿转让要撤销	不可撤销情形： 1. 公证的 2. 公益性质的 3. 道德义务性质的 （公、公、道）	1. 严重侵害赠与人及其近亲属 2. 不履行扶养义务 3. 不履行合同义务 （忘恩负义）	1. 胁迫 2. 重大疾病
方式	通知 （简单形成权）	诉讼或仲裁 （形成诉权）	诉讼	通知	通知	诉讼
期间	法定代理人或被代理人追认前	90日、1年或5年除斥期间（双重除斥期间）	1年或5年除斥期间（双重除斥期间）	本人在赠与财产转移前	赠与人1年内撤销、继承人或法定代理人6个月内撤销	1. 胁迫行为终止之日或恢复人身自由之日起1年内；2. 知道或应当知道撤销事由之日起1年内

二、民法中以自己的名义实施民事法律行为情形汇总表★★★

以自己的名义实施民事法律行为情形汇总表★★★		
序号	法律制度	法律规定
1	死者人格利益保护	近亲属以自己的名义起诉
2	宣告失踪	财产代管人以自己的名义起诉应诉
3	设立中法人	设立人为设立法人以自己的名义从事民事活动产生的民事责任，第三人有权选择请求法人或设立人承担
4	法人的分支机构	分支机构以自己的名义从事民事活动，产生的民事责任由法人承担；也可以先以该分支机构管理的财产承担，不足以承担的，由法人承担
5	非法人组织	非法人组织依法以自己的名义从事民事活动
6	复代理	代理人以自己的名义选任复代理人
7	无权处分	行为人以自己名义处分他人财产
8	代位权之诉	债权人以自己的名义起诉次债务人
9	间接代理	代理人以自己的名义实施法律行为
10	行纪合同	行纪人以自己的名义实施法律行为
11	独占实施许可合同	在发生专利权被侵害时，被许可人可以自己的名义向法院起诉或向专利管理机关投诉

三、民法中救命钱特殊规则汇总表★★

民法中救命钱特殊规则汇总表★★		
序号	法律制度	条款内容
1	监护资格的撤销	依法对被监护人负担抚养费、赡养费、扶养费的父母、子女、配偶等，被法院撤销监护人资格后，应当继续负担
2	诉讼时效制度	下列请求权不适用诉讼时效的规定：（3）请求支付抚养费、赡养费或扶养费
3	代位权之诉	因债务人怠于行使其到期债权或者与该债权有关的从权利，影响债权人的到期债权实现的，债权人可以向人民法院请求以自己的名义代位行使债务人对相对人的权利，但该权利专属于债务人自身的除外
4	债权让与	债权人可以将债权的全部或部分转让给第三人，但是下列情形除外：根据债权性质不得转让，如人身损害赔偿金
5	法定个人财产	下列财产为夫妻一方的个人财产：一方因受到人身损害获得的赔偿或者补偿

四、民法中择一选择情形汇总表★★★

民法中择一选择情形汇总表★★★		
序号	法律制度	条款内容
1	设立中法人	设立人为设立法人以自己的名义从事民事活动产生的民事责任，第三人有权选择请求法人或设立人承担

续表

民法中择一选择情形汇总表★★★		
2	民事责任竞合	因当事人一方的违约行为，损害对方人身权益、财产权益的，受损害方有权选择请求其承担违约责任或侵权责任
3	定金与违约金	当事人既约定违约金，又约定定金的，一方违约时，对方可以选择适用违约金或定金条款
4	分期付款买卖合同	分期付款的买受人未支付到期价款的数额达到全部价款的 1/5，经催告后在合理期限内仍未支付到期价款的，出卖人可以请求买受人支付全部价款或解除合同
5	隐名的间接代理	受托人因委托人的原因对第三人不履行义务，受托人应当向第三人披露委托人，第三人因此可以选择受托人或委托人作为相对人主张其权利，但第三人不得变更选定的相对人
6	产品责任（不真正连带责任）	因产品存在缺陷造成他人损害的，被侵权人可以向产品的生产者请求赔偿，也可以向产品的销售者请求赔偿
7	医疗损害责任（不真正连带责任）	因药品、消毒产品、医疗器械的缺陷，或输入不合格的血液造成患者损害的，患者可以向药品上市许可持有人、生产者、血液提供机构请求赔偿，也可以向医疗机构请求赔偿。患者向医疗机构请求赔偿的，医疗机构赔偿后，有权向负有责任的药品上市许可持有人、生产者、血液提供机构追偿
8	环境污染责任（不真正连带责任）	因第三人的过错污染环境破坏生态的，被侵权人可以向侵权人请求赔偿，也可以向第三人请求赔偿。侵权人赔偿后，有权向第三人追偿
9	饲养动物损害责任（不真正连带责任）	因第三人的过错致使动物造成他人损害的，被侵权人可以向动物饲养人或管理人请求赔偿，也可以向第三人请求赔偿。动物饲养人或管理人赔偿后，有权向第三人追偿

五、民法中财产归国家情形汇总表★★★

民法中财产归国家情形汇总表★★★		
序号	法律制度	条款内容
1	遗失物的拾得	遗失物自发布招领公告之日起 1 年内无人认领的，归国家所有
2	不当得利	返还的不当利益，应当包括原物和原物所生的孳息。利用不当得利所取得的其他利益，扣除劳务管理费用后，应当予以收缴
3	提存制度	债权人领取提存物的权利，自提存之日起 5 年内不行使而消灭，提存物扣除提存费用后归国家所有
4	建设工程合同禁止性行为	承包人非法转包、违法分包建设工程或没有资质的实际施工人借用有资质的建筑施工企业名义与他人签订建设工程施工合同的行为无效。法院可以根据《民法典》第 179 条规定，收缴当事人已经取得的非法所得

续表

民法中财产归国家情形汇总表★★★		
5	无人继承又无人受遗赠的财产	无人继承又无人受遗赠的遗产，归国家所有，用于公益事业；死者生前是集体所有制组织成员的，归所在集体所有制组织所有

六、民法中排序问题汇总表★★★

民法中排序问题汇总表★★★		
序号	法律制度	排序结果
1	抵押权	同一财产向两个以上债权人抵押的，拍卖、变卖抵押财产所得的价款依照下列规定清偿：（1）抵押权已经登记的，按照登记的时间先后确定清偿顺序；（2）抵押权已经登记的先于未登记的受偿；（3）抵押权未登记的，按照债权比例清偿。其他可以登记的担保物权，清偿顺序参照适用前款规定
2	动产担保物权	质押先于抵押成立时：留置权>质权>登记抵押权>未登记抵押权
		抵押先于质押成立时：留置权>登记抵押权>质押权>未登记抵押权
3	动产一物数卖	普通动产：先行受领交付>先行支付价款>合同成立在先
		特殊动产：先行受领交付>先行办理所有权转移登记手续>合同成立在先
4	一房数租	合法占有者>登记备案者>合同成立在先者
5	房屋承租人的优先购买权	按份共有人/出租人的近亲属>次承租人>承租人
6	法定优先权	已交付全部或大部分购房款的买受人 > 承包人法定优先权 > 银行抵押权
7	清偿抵充	债务人对同一债权人负担的数项债务种类相同，债务人的给付不足以清偿全部债务的，除当事人另有约定外，由债务人在清偿时指定其履行的债务。债务人未作指定的，应当优先履行已经到期的债务；数项债务均到期的，优先履行对债权人缺乏担保或者担保最少的债务；均无担保或者担保相等的，优先履行债务人负担较重的债务；负担相同的，按照债务到期的先后顺序履行；到期时间相同的，按照债务比例履行。

七、民商经济法中惩罚性赔偿情形汇总表★★★

民商经济法中惩罚性赔偿情形汇总表★★★		
序号	法律制度	条款内容
1	惩罚性损害赔偿金	经营者对消费者提供商品或服务有欺诈行为的，依照《消费者权益保护法》的规定承担损害赔偿责任
2	精神损害赔偿	侵害自然人人身权益造成严重精神损害的，被侵权人有权请求精神损害赔偿
3	产品责任	明知产品存在缺陷仍然生产、销售，或者没有依据规定采取有效补救措施造成他人死亡或健康严重损害的，被侵权人有权请求相应的惩罚性赔偿

续表

<table>
<tr><th colspan="3">民商经济法中惩罚性赔偿情形汇总表★★★</th></tr>
<tr><td>4</td><td>医疗损害赔偿责任☆☆</td><td>医疗产品的生产者、销售者明知医疗产品存在缺陷仍然生产、销售，造成患者死亡或健康严重损害，被侵权人请求生产者、销售者赔偿损失及2倍以下惩罚性赔偿的，法院应予支持</td></tr>
<tr><td rowspan="2">5</td><td rowspan="2">产权欺诈★★★</td><td>具有下列情形之一，导致商品房买卖合同目的不能实现的，无法取得房屋的买受人可以请求解除合同、返还已付购房款及利息、赔偿损失，并可以请求出卖人承担不超过已付购房款1倍的赔偿责任：（1）商品房买卖合同订立后，出卖人未告知买受人又将该房屋抵押给第三人；（2）商品房买卖合同订立后，出卖人又将该房屋出卖给第三人</td></tr>
<tr><td>出卖人订立商品房买卖合同时，具有下列情形之一，导致合同无效或被撤销、解除的，买受人可以请求返还已付购房款及利息、赔偿损失，并可以请求出卖人承担不超过已付购房款1倍的赔偿责任：（1）故意隐瞒没有取得商品房预售许可证明的事实或提供虚假商品房预售许可证明；（2）故意隐瞒所售房屋已经抵押的事实；（3）故意隐瞒所售房屋已经出卖给第三人或为拆迁补偿安置房屋的事实</td></tr>
<tr><td rowspan="2">6</td><td rowspan="2">欺诈</td><td>经营者提供商品或服务有欺诈行为的，应当按照消费者的要求增加赔偿其受到的损失，增加赔偿的金额为消费者购买商品的价款或接受服务的费用的3倍；增加赔偿的金额不足500元的，为500元。法律另有规定的，依照其规定</td></tr>
<tr><td>经营者明知商品或服务存在缺陷，仍然向消费者提供，造成消费者或其他受害人死亡或健康严重损害的，受害人有权要求经营者依照《消费者权益保护法》第49条、第51条等法律规定赔偿损失，并有权要求所受损失2倍以下的惩罚性赔偿</td></tr>
<tr><td>7</td><td>惩罚性赔偿</td><td>生产不符合食品安全标准的食品或经营明知是不符合食品安全标准的食品，消费者除要求赔偿损失外，还可以向生产者或经营者要求支付价款10倍或损失3倍的赔偿金；增加赔偿的金额不足1000元的，为1000元。但是，食品的标签、说明书存在不影响食品安全且不会对消费者造成误导的瑕疵的除外</td></tr>
</table>

八、民法中数字问题汇总表★★

<table>
<tr><th colspan="3">民法中数字问题汇总表★★</th></tr>
<tr><th>序号</th><th>法律制度</th><th>法律规定</th></tr>
<tr><td rowspan="2">1</td><td rowspan="2">定金限额性</td><td>定金的数额由当事人约定，但不得超过主合同标的额的20%</td></tr>
<tr><td>当事人约定的定金数额超过主合同标的额20%的，超过部分不产生定金的效力</td></tr>
<tr><td>2</td><td>违约金</td><td>当事人约定的违约金超过造成损失的30%的，一般可以认定为《民法典》第585条第2款规定的“过分高于造成的损失”</td></tr>
<tr><td>3</td><td>分期付款买卖合同</td><td>分期付款的买受人未支付到期价款的数额达到全部价款的1/5（20%）的，经催告后在合理期限内仍未支付到期价款的，出卖人可以请求买受人支付全部价款或解除合同；出卖人解除合同的，可以向买受人请求支付该标的物的使用费</td></tr>
</table>

续表

民法中数字问题汇总表★★		
4	动产所有权保留买卖合同	买受人已经支付标的物总价款的 75%以上，出卖人主张取回标的物的，法院不予支持
5	借款利率问题	出借人请求借款人按照合同约定利率支付利息的，人民法院应予支持，但是双方约定的利率超过合同成立时一年期贷款市场报价利率 4 倍的除外。前款所称“一年期贷款市场报价利率”，是指中国人民银行授权全国银行间同业拆借中心自 2019 年 8 月 20 日起每月发布的一年期贷款市场报价利率。
6	机动车交通事故责任	机动车与非机动车驾驶人、行人之间发生交通事故，非机动车驾驶人、行人没有过错的，由机动车一方承担赔偿责任；有证据证明非机动车驾驶人、行人有过错的，根据过错程度适当减轻机动车一方的赔偿责任；机动车一方没有过错的，承担不超过 10%的赔偿责任

九、民商事法律中的优先购买权考点汇总表★★

民商事法律中的优先购买权考点汇总表★★		
序号	法律制度	条款内容
1	按份共有	按份共有人可以转让其享有的共有的不动产或动产份额。其他共有人在同等条件下享有优先购买的权利
2	房屋承租人	出租人出卖租赁房屋的，应当在出卖之前的合理期限内通知承租人，承租人享有以同等条件优先购买的权利
3	职务技术成果	职务技术成果的使用权、转让权属于法人或者非法人组织的，法人或者非法人组织可以就该项职务技术成果订立技术合同。法人或者非法人组织订立技术合同转让职务技术成果时，职务技术成果的完成人享有以同等条件优先受让的权利。职务技术成果是执行法人或者非法人组织的工作任务，或者主要是利用法人或者非法人组织的物质技术条件所完成的技术成果。
4	委托开发成果	委托开发完成的发明创造，除法律另有规定或当事人另有约定，申请专利的权利属于研究开发人。研究开发人取得专利权的，委托人可以依法实施该专利。研究开发人转让专利申请权的，委托人享有以同等条件优先受让的权利
5	合作开发成果	合作开发完成的发明创造，申请专利的权利属于合作开发的当事人共有；当事人一方转让其共有的专利申请权的，其他各方享有以同等条件优先受让的权利。但是，当事人另有约定的除外。合作开发的当事人一方声明放弃其共有的专利申请权的，除当事人另有约定外，可以由另一方单独申请或由其他各方共同申请。申请人取得专利权的，放弃专利申请权的一方可以免费实施该专利。合作开发的当事人一方不同意申请专利的，另一方或其他各方不得申请专利

续表

民商事法律中的优先购买权考点汇总表★★		
6	有限责任公司股权对外转让	有限责任公司的股东之间可以相互转让其全部或部分股权。股东向股东以外的人转让股权，应当经其他股东过半数同意。股东应就其股权转让事项书面通知其他股东征求同意，其他股东自接到书面通知之日起满30日未答复的，视为同意转让。其他股东半数以上不同意转让的，不同意的股东应当购买该转让的股权；不购买的，视为同意转让。经股东同意转让的股权，在同等条件下，其他股东有优先购买权。两个以上股东主张行使优先购买权的，协商确定各自的购买比例；协商不成的，按照转让时各自的出资比例行使优先购买权。公司章程对股权转让另有规定的，从其规定

十、法院主动干预类考点汇总表★★

法院主动干预类考点汇总表★★		
序号	法律制度	法律规定
1	违约金	买卖合同当事人一方以对方违约为由主张支付违约金，对方以合同不成立、合同未生效、合同无效或不构成违约等为由进行免责抗辩而未主张调整过高的违约金的，法院应当就法院若不支持免责抗辩，当事人是否需要主张调整违约金进行释明；一审法院认为免责抗辩成立且未予释明，二审法院认为应当判决支付违约金的，可以直接释明并改判
2	让与担保	当事人以订立买卖合同作为民间借贷合同的担保，借款到期后借款人不能还款，出借人请求履行买卖合同的，人民法院应当按照民间借贷法律关系审理。当事人根据法庭审理情况变更诉讼请求的，人民法院应当准许。
3	与有过失（过失相抵）	被侵权人对同一损害的发生或者扩大有过错的，可以减轻侵权人的责任。法院可依其职权依一定的标准减轻侵害人的赔偿责任，从而公平、合理地分配损害的一种制度
4	无效婚姻	法院受理离婚案件后，经审查确属无效婚姻的，应当将婚姻无效的情形告知当事人，并依法作出宣告婚姻无效的判决

十一、民法典中法律拟制情形汇总表★★★

民法典中法律拟制（视为）情形汇总表★★★		
序号	法律制度	法律规定
1	胎儿利益保护	涉及遗产继承、接受赠与等胎儿利益保护的，胎儿视为具有民事权利能力。但是，胎儿娩出时为死体的，其民事权利能力自始不存在
2	完全民事行为能力人	成年人为完全民事行为能力人，可以独立实施民事法律行为。16周岁以上的未成年人，以自己的劳动收入为主要生活来源的，视为完全民事行为能力人
3	自然人的住所	自然人以户籍登记或者其他有效身份登记记载的居所为住所；经常居所与住所不一致的，经常居所视为住所
4	死亡日期的确定	被宣告死亡的人，人民法院宣告死亡的判决作出之日视为其死亡的日期；因意外事件下落不明宣告死亡的，意外事件发生之日视为其死亡的日期

续表

民法典中法律拟制（视为）情形汇总表★★★		
5	意思表示的形式	行为人可以明示或者默示作出意思表示。沉默只有在有法律规定、当事人约定或者符合当事人之间的交易习惯时，才可以视为意思表示
6	限制民事行为人实施的民事法律行为的效力	限制民事行为能力人实施的纯获利益的民事法律行为或者与其年龄、智力、精神健康状况相适应的民事法律行为有效；实施的其他民事法律行为经法定代理人同意或者追认后有效。相对人可以催告法定代理人自收到通知之日起30日内予以追认。法定代理人未作表示的，视为拒绝追认。民事法律行为被追认前，善意相对人有撤销的权利。撤销应当以通知的方式作出
7	拟制效力	附条件的民事法律行为，当事人为自己的利益不正当地阻止条件成就的，视为条件已经成就；不正当地促成条件成就的，视为条件不成就
8	无权代理	行为人没有代理权、超越代理权或者代理权终止后，仍然实施代理行为，未经被代理人追认的，对被代理人不发生效力。相对人可以催告被代理人自收到通知之日起30日内予以追认。被代理人未作表示的，视为拒绝追认。行为人实施的行为被追认前，善意相对人有撤销的权利。撤销应当以通知的方式作出。行为人实施的行为未被追认的，善意相对人有权请求行为人履行债务或者就其受到的损害请求行为人赔偿。但是，赔偿的范围不得超过被代理人追认时相对人所能获得的利益。相对人知道或者应当知道行为人无权代理的，相对人和行为人按照各自的过错承担责任。无权代理人以被代理人的名义订立合同，被代理人已经开始履行合同义务或者接受相对人履行的，视为对合同的追认
9	共有形式的推定	共有人对共有的不动产或者动产没有约定为按份共有或者共同共有，或者约定不明确的，除共有人具有家庭关系等外，视为按份共有
10	共有人份额的确定	按份共有人对共有的不动产或者动产享有的份额，没有约定或者约定不明确的，按照出资额确定；不能确定出资额的，视为等额享有
11	房地一并抵押原则	以建筑物抵押的，该建筑物占用范围内的建设用地使用权一并抵押。以建设用地使用权抵押的，该土地上的建筑物一并抵押。抵押人未依据前款规定一并抵押的，未抵押的财产视为一并抵押
12	合同的形式	当事人订立合同，可以采用书面形式、口头形式或者其他形式。书面形式是合同书、信件、电报、电传、传真等可以有形地表现所载内容的形式。以电子数据交换、电子邮件等方式能够有形地表现所载内容，并可以随时调取查用的数据电文，视为书面形式
13	按份债权和按份债务	债权人为二人以上，标的可分，按照份额各自享有债权的，为按份债权；债务人为二人以上，标的可分，按照份额各自负担债务的，为按份债务。按份债权人或者按份债务人的份额难以确定的，视为份额相同
14	连带债务人之间的内部关系	连带债务人之间的份额难以确定的，视为份额相同。实际承担债务超过自己份额的连带债务人，有权就超出部分在其他连带债务人未履行的份额范围内向其追偿，并相应地享有债权人的权利，但是不得损害债权人的利益。其他连带债务人对债权人的抗辩，可以向该债务人主张。被追偿的连带债务人不能履行其应分担份额的，其他连带债务人应当在相应范围内按比例分担

续表

民法典中法律拟制（视为）情形汇总表★★★		
15	连带债权的行使规则	连带债权人之间的份额难以确定的，视为份额相同。实际受领债权的连带债权人，应当按比例向其他连带债权人返还。连带债权参照适用本章连带债务的有关规定
16	不安抗辩权的行使	当事人依据《民法典》第527条的规定中止履行的，应当及时通知对方。对方提供适当担保的，应当恢复履行。中止履行后，对方在合理期限内未恢复履行能力且未提供适当担保的，视为以自己的行为表明不履行主要债务，中止履行的一方可以解除合同并可以请求对方承担违约责任
17	债务转移	债务人将债务的全部或者部分转移给第三人的，应当经债权人同意。债务人或者第三人可以催告债权人在合理期限内予以同意，债权人未作表示的，视为不同意
18	标的物价款的提存	债务人将标的物或者将标的物依法拍卖、变卖所得价款交付提存部门时，提存成立。提存成立的，视为债务人在其提存范围内已经交付标的物
19	定金责任	当事人可以约定一方向对方给付定金作为债权的担保。定金合同自实际交付定金时成立。定金的数额由当事人约定；但是，不得超过主合同标的额的20%，超过部分不产生定金的效力。实际交付的定金数额多于或者少于约定数额的，视为变更约定的定金数额
20	买受人的检验期限和通知义务	当事人约定检验期限的，买受人应当在检验期限内将标的物的数量或者质量不符合约定的情形通知出卖人。买受人怠于通知的，视为标的物的数量或者质量符合约定。当事人没有约定检验期限的，买受人应当在发现或者应当发现标的物的数量或者质量不符合约定的合理期限内通知出卖人。买受人在合理期限内未通知或者自收到标的物之日起2年内未通知出卖人的，视为标的物的数量或者质量符合约定；但是，对标的物有质量保证期的，适用质量保证期，不适用该2年的规定。出卖人知道或者应当知道提供的标的物不符合约定的，买受人不受前两款规定的通知时间的限制
21	检验期限约定过短的处理	当事人约定的检验期限过短，根据标的物的性质和交易习惯，买受人在检验期限内难以完成全面检验的，该期限仅视为买受人对标的物的外观瑕疵提出异议的期限。约定的检验期限或者质量保证期短于法律、行政法规规定期限的，应当以法律、行政法规规定的期限为准
22	试用买卖买受人的选择权	试用买卖的买受人在试用期内可以购买标的物，也可以拒绝购买。试用期限届满，买受人对是否购买标的物未作表示的，视为购买。试用买卖的买受人在试用期内已经支付部分价款或者对标的物实施出卖、出租、设立担保物权等行为的，视为同意购买
23	高利放贷的禁止和借款利息的处理	禁止高利放贷，借款的利率不得违反国家有关规定。借款合同对支付利息没有约定的，视为没有利息。借款合同对支付利息约定不明确，当事人不能达成补充协议的，按照当地或者当事人的交易方式、交易习惯、市场利率等因素确定利息；自然人之间借款的，视为没有利息

续表

民法典中法律拟制（视为）情形汇总表★★★		
24	保证期间	保证期间是确定保证人承担保证责任的期间，不发生中止、中断和延长。债权人与保证人可以约定保证期间，但是约定的保证期间早于主债务履行期限或者与主债务履行期限同时届满的，视为没有约定；没有约定或者约定不明确的，保证期间为主债务履行期限届满之日起6个月。债权人与债务人对主债务履行期限没有约定或者约定不明确的，保证期间自债权人请求债务人履行债务的宽限期届满之日起计算
25	租赁合同的形式	租赁期限6个月以上的，应当采用书面形式。当事人未采用书面形式，无法确定租赁期限的，视为不定期租赁
26	出租人的异议期间	出租人知道或者应当知道承租人转租，但是在6个月内未提出异议的，视为出租人同意转租
27	房屋承租人的优先购买权	出租人出卖租赁房屋的，应当在出卖之前的合理期限内通知承租人，承租人享有以同等条件优先购买的权利；但是，房屋按份共有人行使优先购买权或者出租人将房屋出卖给近亲属的除外。出租人履行通知义务后，承租人在15日内未明确表示购买的，视为承租人放弃优先购买权
28	优先购买权的放弃	出租人委托拍卖人拍卖租赁房屋的，应当在拍卖5日前通知承租人。承租人未参加拍卖的，视为放弃优先购买权
29	不定期租赁合同	当事人对租赁期限没有约定或者约定不明确，依《民法典》第510条的规定仍不能确定的，视为不定期租赁；当事人可以随时解除合同，但是应当在合理期限之前通知对方
30	租赁物归属的确定	当事人约定租赁期限届满，承租人仅需向出租人支付象征性价款的，视为约定的租金义务履行完毕后租赁物的所有权归承租人
31	收货人对货物的检验	收货人提货时应当按照约定的期限检验货物。对检验货物的期限没有约定或者约定不明确，依据《民法典》第510条的规定仍不能确定的，应当在合理期限内检验货物。收货人在约定的期限或者合理期限内对货物的数量、毁损等未提出异议的，视为承运人已经按照运输单证的记载交付的初步证据
32	保管合同	保管合同是保管人保管寄存人交付的保管物，并返还该物的合同。寄存人到保管人处从事购物、就餐、住宿等活动，将物品存放在指定场所的，视为保管，但是当事人另有约定或者另有交易习惯的除外
33	保管费的支付	寄存人应当按照约定向保管人支付保管费。当事人对保管费没有约定或者约定不明确，依据《民法典》第510条的规定仍不能确定的，视为无偿保管
34	不定期合伙合同	合伙人对合伙期限没有约定或者约定不明确，依据《民法典》第510条的规定仍不能确定的，视为不定期合伙。合伙期限届满，合伙人继续执行合伙事务，其他合伙人没有提出异议的，原合伙合同继续有效，但是合伙期限为不定期。合伙人可以随时解除不定期合伙合同，但是应当在合理期限之前通知其他合伙人

续表

民法典中法律拟制（视为）情形汇总表★★★		
35	协议离婚的程序	自婚姻登记机关收到离婚登记申请之日起30内，任何一方不愿意离婚的，可以向婚姻登记机关撤回离婚登记申请。前款规定期限届满后30内，双方应当亲自到婚姻登记机关申请发给离婚证；未申请的，视为撤回离婚登记申请
36	继承和受遗赠的接受与放弃	继承开始后，继承人放弃继承的，应当在遗产处理前，以书面形式作出放弃继承的表示；没有表示的，视为接受继承。受遗赠人应当在知道受遗赠后60日内，作出接受或者放弃受遗赠的表示；到期没有表示的，视为放弃受遗赠
37	遗嘱的效力	遗嘱人可以撤回、变更自己所立的遗嘱。立遗嘱后，遗嘱人实施与遗嘱内容相反的民事法律行为的，视为对遗嘱相关内容的撤回。立有数份遗嘱，内容相抵触的，以最后的遗嘱为准

十二、民法典中连带责任情形汇总表★★★

民法典中连带责任情形汇总表★★★		
法条序号	法律制度	法律规定
第83条	法人人格否认	营利法人的出资人不得滥用出资人权利损害法人或者其他出资人的利益；滥用出资人权利造成法人或者其他出资人损失的，应当依法承担民事责任。营利法人的出资人不得滥用法人独立地位和出资人有限责任损害法人债权人的利益；滥用法人独立地位和出资人有限责任，逃避债务，严重损害法人债权人的利益的，应当对法人债务承担连带责任
第164条	代理人的责任	代理人不履行或者不完全履行职责，造成被代理人损害的，应当承担民事责任。代理人和相对人恶意串通，损害被代理人合法权益的，代理人和相对人应当承担连带责任
第167条	不法代理的法律责任	代理人知道或者应当知道代理事项违法仍然实施代理行为，或者被代理人知道或者应当知道代理人的代理行为违法未作反对表示的，被代理人和代理人应当承担连带责任
第688条	连带责任保证	当事人在保证合同中约定保证人和债务人对债务承担连带责任的，为连带责任保证。连带责任保证的债务人不履行到期债务或者发生当事人约定的情形时，债权人可以请求债务人履行债务，也可以请求保证人在其保证范围内承担保证责任
第786条	共同承揽	共同承揽人对定作人承担连带责任，但是当事人另有约定的除外
第791条	建筑工程合同的禁止行为	发包人可以与总承包人订立建设工程合同，也可以分别与勘察人、设计人、施工人订立勘察、设计、施工承包合同。发包人不得将应当由一个承包人完成的建设工程支解成若干部分发包给数个承包人。总承包人或者勘察、设计、施工承包人经发包人同意，可以将自己承包的部分工作交由第三人完成。

续表

民法典中连带责任情形汇总表★★★		
第791条	建筑工程合同的禁止行为	第三人就其完成的工作成果与总承包人或者勘察、设计、施工承包人向发包人承担连带责任。承包人不得将其承包的全部建设工程转包给第三人或者将其承包的全部建设工程支解以后以分包的名义分别转包给第三人。禁止承包人将工程分包给不具备相应资质条件的单位。禁止分包单位将其承包的工程再分包。建设工程主体结构的施工必须由承包人自行完成
第834条	联运人的责任划分	两个以上承运人以同一运输方式联运的，与托运人订立合同的承运人应当对全程运输承担责任；损失发生在某一运输区段的，与托运人订立合同的承运人和该区段的承运人承担连带责任
第932条	共同受托的责任承担	两个以上的受托人共同处理委托事务的，对委托人承担连带责任
第973条	合伙债务的责任承担	合伙人对合伙债务承担连带责任。清偿合伙债务超过自己应当承担份额的合伙人，有权向其他合伙人追偿
第1168条	共同侵权行为	二人以上共同实施侵权行为，造成他人损害的，应当承担连带责任
第1169条	教唆、帮助他人实施侵权行为	教唆、帮助他人实施侵权行为的，应当与行为人承担连带责任。教唆、帮助无民事行为能力人、限制民事行为能力人实施侵权行为的，应当承担侵权责任；该无民事行为能力人、限制民事行为能力人的监护人未尽到监护职责的，应当承担相应的责任
第1170条	共同危险行为	二人以上实施危及他人人身、财产安全的行为，其中一人或者数人的行为造成他人损害，能够确定具体侵权人的，由侵权人承担责任；不能确定具体侵权人的，行为人承担连带责任
第1171条	无意思联络数人共同侵权责任之原因力竞合	二人以上分别实施侵权行为造成同一损害，每个人的侵权行为都足以造成全部损害的，行为人承担连带责任
第1195条	网络服务提供者应采取的措施	网络用户利用网络服务实施侵权行为的，权利人有权通知网络服务提供者采取删除、屏蔽、断开链接等必要措施。通知应当包括构成侵权的初步证据及权利人的真实身份信息。网络服务提供者接到通知后，应当及时将该通知转送相关网络用户，并根据构成侵权的初步证据和服务类型采取必要措施；未及时采取必要措施的，对损害的扩大部分与该网络用户承担连带责任。权利人因错误通知造成网络用户或者网络服务提供者损害的，应当承担侵权责任。法律另有规定的，依照其规定
第1197条	网络服务提供者的连带责任	网络服务提供者知道或者应当知道网络用户利用其网络服务侵害他人民事权益，未采取必要措施的，与该网络用户承担连带责任

续表

民法典中连带责任情形汇总表★★★		
第 1211 条	挂靠形式的责任承担	以挂靠形式从事道路运输经营活动的机动车，发生交通事故造成损害，属于该机动车一方责任的，由挂靠人和被挂靠人承担连带责任
第 1214 条	转让拼装报废机动车造成损害时的赔偿责任	以买卖或者其他方式转让拼装或者已经达到报废标准的机动车，发生交通事故造成损害的，由转让人和受让人承担连带责任
第 1215 条	盗抢机动车发生交通事故时的赔偿责任	盗窃、抢劫或者抢夺的机动车发生交通事故造成损害的，由盗窃人、抢劫人或者抢夺人承担赔偿责任。盗窃人、抢劫人或者抢夺人与机动车使用人不是同一人，发生交通事故造成损害，属于该机动车一方责任的，由盗窃人、抢劫人或者抢夺人与机动车使用人承担连带责任。保险人在机动车强制保险责任限额范围内垫付抢救费用的，有权向交通事故责任人追偿
第 1241 条	被遗失、抛弃的高度危险物的致害责任	遗失、抛弃高度危险物造成他人损害的，由所有人承担侵权责任。所有人将高度危险物交由他人管理的，由管理人承担侵权责任；所有人有过错的，与管理人承担连带责任
第 1242 条	非法占有的高度危险物的致害责任	非法占有高度危险物造成他人损害的，由非法占有人承担侵权责任。所有人、管理人不能证明对防止非法占有尽到高度注意义务的，与非法占有人承担连带责任
第 1252 条	建筑物等设施倒塌损害责任	建筑物、构筑物或者其他设施倒塌、塌陷造成他人损害的，由建设单位与施工单位承担连带责任，但是建设单位与施工单位能够证明不存在质量缺陷的除外。建设单位、施工单位赔偿后，有其他责任人的，有权向其他责任人追偿。因所有人、管理人、使用人或者第三人的原因，建筑物、构筑物或者其他设施倒塌、塌陷造成他人损害的，由所有人、管理人、使用人或者第三人承担侵权责任

十三、民法典中时间问题汇总表★★★

民法典中时间问题汇总表★★★		
法条序号	法律制度	法律规定
第 40 条	宣告失踪的条件	自然人下落不明满 2 年的，利害关系人可以向人民法院申请宣告该自然人为失踪人
第 46 条	宣告死亡的条件	自然人有下列情形之一的，利害关系人可以向人民法院申请宣告该自然人死亡：（1）下落不明满 4 年；（2）因意外事件，下落不明满 2 年。因意外事件下落不明，经有关机关证明该自然人不可能生存的，申请宣告死亡不受 2 年时间的限制

续表

民法典中时间问题汇总表★★★		
第145条	限制民事行为能力人实施的民事法律行为的效力	限制民事行为能力人实施的纯获利益的民事法律行为或者与其年龄、智力、精神健康状况相适应的民事法律行为有效；实施的其他民事法律行为经法定代理人同意或者追认后有效。相对人可以催告法定代理人自收到通知之日起30日内予以追认。法定代理人未作表示的，视为拒绝追认。民事法律行为被追认前，善意相对人有撤销的权利。撤销应当以通知的方式作出
第152条	撤销权的消灭	有下列情形之一的，撤销权消灭：（1）当事人自知道或者应当知道撤销事由之日起1年内、重大误解的当事人自知道或者应当知道撤销事由之日起90日内没有行使撤销权；（2）当事人受胁迫，自胁迫行为终止之日起1年内没有行使撤销权；（3）当事人知道撤销事由后明确表示或者以自己的行为表明放弃撤销权
第171条	无权代理	行为人没有代理权、超越代理权或者代理权终止后，仍然实施代理行为，未经被代理人追认的，对被代理人不发生效力。相对人可以催告被代理人自收到通知之日起30日内予以追认。被代理人未作表示的，视为拒绝追认。行为人实施的行为被追认前，善意相对人有撤销的权利。撤销应当以通知的方式作出。行为人实施的行为未被追认的，善意相对人有权请求行为人履行债务或者就其受到的损害请求行为人赔偿。但是，赔偿的范围不得超过被代理人追认时相对人所能获得的利益。相对人知道或者应当知道行为人无权代理的，相对人和行为人按照各自的过错承担责任
第188条	诉讼时效期间的长短及计算	向人民法院请求保护民事权利的诉讼时效期间为3年。法律另有规定的，依照其规定。诉讼时效期间自权利人知道或者应当知道权利受到损害以及义务人之日起计算。法律另有规定的，依照其规定。但是，自权利受到损害之日起超过20年的，人民法院不予保护，有特殊情况的，人民法院可以根据权利人的申请决定延长
第220条	更正登记与异议登记	权利人、利害关系人认为不动产登记簿记载的事项错误的，可以申请更正登记。不动产登记簿记载的权利人书面同意更正或者有证据证明登记确有错误的，登记机构应当予以更正。不动产登记簿记载的权利人不同意更正的，利害关系人可以申请异议登记。登记机构予以异议登记，申请人自异议登记之日起15日内不提起诉讼的，异议登记失效。异议登记不当，造成权利人损害的，权利人可以向申请人请求损害赔偿
第221条	预告登记	当事人签订买卖房屋的协议或者签订其他不动产物权的协议，为保障将来实现物权，按照约定可以向登记机构申请预告登记。预告登记后，未经预告登记的权利人同意，处分该不动产的，不发生物权效力。预告登记后，债权消灭或者自能够进行不动产登记之日起90日内未申请登记的，预告登记失效

续表

民法典中时间问题汇总表★★★		
第 312 条	遗失物的追回	所有权人或者其他权利人有权追回遗失物。该遗失物通过转让被他人占有的，权利人有权向无处分权人请求损害赔偿，或者自知道或者应当知道受让人之日起 2 年内向受让人请求返还原物；但是，受让人通过拍卖或者向具有经营资格的经营者购得该遗失物的，权利人请求返还原物时应当支付受让人所付的费用。权利人向受让人支付所付费用后，有权向无处分权人追偿
第 318 条	遗失物的公告期间	遗失物自发布招领公告之日起 1 年内无人认领的，归国家所有
第 416 条	抵押权人与担保物买受人的其他担保物权人的冲突解决	动产抵押担保的主债权是抵押物的价款，标的物交付后 10 日内办理抵押登记的，该抵押权人优先于抵押物买受人的其他担保物权人受偿，但是留置权人除外
第 423 条	最高额抵押债权额的确定	有下列情形之一的，抵押权人的债权确定：（1）约定的债权确定期间届满；（2）没有约定债权确定期间或者约定不明确，抵押权人或者抵押人自最高额抵押权设立之日起满 2 年后请求确定债权；（3）新的债权不可能发生；（4）抵押权人知道或者应当知道抵押财产被查封、扣押；（5）债务人、抵押人被宣告破产或者解散；（6）法律规定债权确定的其他情形
第 453 条	留置权的实现	留置权人与债务人应当约定留置财产后的债务履行期限；没有约定或者约定不明确的，留置权人应当给债务人 60 日以上履行债务的期限，但是鲜活易腐等不易保管的动产除外。债务人逾期未履行的，留置权人可以与债务人协议以留置财产折价，也可以就拍卖、变卖留置财产所得的价款优先受偿。留置财产折价或者变卖的，应当参照市场价格
第 462 条	占有保护请求权	占有的不动产或者动产被侵占的，占有人有权请求返还原物；对妨害占有的行为，占有人有权请求排除妨害或者消除危险；因侵占或者妨害造成损害的，占有人有权依法请求损害赔偿。占有人返还原物的请求权，自侵占发生之日起 1 年内未行使的，该请求权消灭
第 541 条	债权人撤销权的期限限制	撤销权自债权人知道或者应当知道撤销事由之日起 1 年内行使。自债务人的行为发生之日起 5 年内没有行使撤销权的，该撤销权消灭
第 564 条	合同解除权的期限限制	法律规定或者当事人约定解除权行使期限，期限届满当事人不行使的，该权利消灭。法律没有规定或者当事人没有约定解除权行使期限，自解除权人知道或者应当知道解除事由之日起 1 年内不行使，或者经对方催告后在合理期限内不行使的，该权利消灭
第 594 条	涉外合同争议的诉讼时效	因国际货物买卖合同和技术进出口合同争议提起诉讼或者申请仲裁的时效期间为 4 年

续表

民法典中时间问题汇总表★★★		
第621条	买受人的检验期间和通知义务	当事人约定检验期限的，买受人应当在检验期限内将标的物的数量或者质量不符合约定的情形通知出卖人。买受人怠于通知的，视为标的物的数量或者质量符合约定。当事人没有约定检验期限的，买受人应当在发现或者应当发现标的物的数量或者质量不符合约定的合理期限内通知出卖人。买受人在合理期限内未通知或者自收到标的物之日起2年内未通知出卖人的，视为标的物的数量或者质量符合约定；但是，对标的物有质量保证期的，适用质量保证期，不适用该2年的规定。出卖人知道或者应当知道提供的标的物不符合约定的，买受人不受前两款规定的通知时间的限制
第663条	赠与人的法定撤销权	受赠人有下列情形之一的，赠与人可以撤销赠与：（1）严重侵害赠与人或者赠与人近亲属的合法权益；（2）对赠与人有扶养义务而不履行；（3）不履行赠与合同约定的义务。赠与人的撤销权，自知道或者应当知道撤销事由之日起1年内行使
第664条	继承人或法定代理人的法定撤销权	因受赠人的违法行为致使赠与人死亡或者丧失民事行为能力的，赠与人的继承人或者法定代理人可以撤销赠与。赠与人的继承人或者法定代理人的撤销权，自知道或者应当知道撤销事由之日起6个月内行使
第674条	利息支付期限	借款人应当按照约定的期限支付利息。对支付利息的期限没有约定或者约定不明确，依据《民法典》第510条的规定仍不能确定，借款期间不满1年的，应当在返还借款时一并支付；借款期间1年以上的，应当在每届满1年时支付，剩余期间不满1年的，应当在返还借款时一并支付
第692条	保证期间	保证期间是确定保证人承担保证责任的期间，不发生中止、中断和延长。债权人与保证人可以约定保证期间，但是约定的保证期间早于主债务履行期限或者与主债务履行期限同时届满的，视为没有约定；没有约定或者约定不明确的，保证期间为主债务履行期限届满之日起6个月。债权人与债务人对主债务履行期限没有约定或者约定不明确的，保证期间自债权人请求债务人履行债务的宽限期届满之日起计算
第707条	租赁合同的形式	租赁期限6个月以上的，应当采用书面形式。当事人未采用书面形式，无法确定租赁期限的，视为不定期租赁
第718条	出租人的异议期间	出租人知道或者应当知道承租人转租，但是在6个月内未提出异议的，视为出租人同意转租

续表

民法典中时间问题汇总表★★★		
第 721 条	租金的支付期限	承租人应当按照约定的期限支付租金。对支付租金的期限没有约定或者约定不明确，依据《民法典》第 510 条的规定仍不能确定，租赁期限不满 1 年的，应当在租赁期限届满时支付；租赁期限 1 年以上的，应当在每届满 1 年时支付，剩余期限不满 1 年的，应当在租赁期限届满时支付
第 726 条	房屋承租人的优先购买权	出租人出卖租赁房屋的，应当在出卖之前的合理期限内通知承租人，承租人享有以同等条件优先购买的权利；但是，房屋按份共有人行使优先购买权或者出租人将房屋出卖给近亲属的除外。出租人履行通知义务后，承租人在 15 日内未明确表示购买的，视为承租人放弃优先购买权
第 727 条	优先购买权的放弃	出租人委托拍卖人拍卖租赁房屋的，应当在拍卖 5 日前通知承租人。承租人未参加拍卖的，视为放弃优先购买权
第 946 条	物业服务合同的解除	业主依照法定程序共同决定解聘物业服务人的，可以解除物业服务合同。决定解聘的，应当提前 60 日书面通知物业服务人，但是合同对通知期限另有约定的除外。依据前款规定解除合同造成物业服务人损失的，除不可归责于业主的事由外，业主应当赔偿损失
第 947 条	物业服务合同的续订	物业服务期限届满前，业主依法共同决定续聘的，应当与原物业服务人在合同期限届满前续订物业服务合同。物业服务期限届满前，物业服务人不同意续聘的，应当在合同期限届满前 90 日书面通知业主或者业主委员会，但是合同对通知期限另有约定的除外
第 948 条	不定期物业服务合同	物业服务期限届满后，业主没有依法作出续聘或者另聘物业服务人的决定，物业服务人继续提供物业服务的，原物业服务合同继续有效，但是服务期限为不定期。当事人可以随时解除不定期物业服务合同，但是应当提前 60 日书面通知对方
第 1052 条	可撤销婚姻	因胁迫结婚的，受胁迫的一方可以向人民法院请求撤销婚姻。请求撤销婚姻的，应当自胁迫行为终止之日起 1 年内提出。被非法限制人身自由的当事人请求撤销婚姻的，应当自恢复人身自由之日起 1 年内提出
第 1053 条	可撤销婚姻	一方患有重大疾病的，应当在结婚登记前如实告知另一方；不如实告知的，另一方可以向人民法院请求撤销婚姻。请求撤销婚姻的，应当自知道或者应当知道撤销事由之日起 1 年内提出
第 1077 条	协议离婚的程序	自婚姻登记机关收到离婚登记申请之日起 30 日内，任何一方不愿意离婚的，可以向婚姻登记机关撤回离婚登记申请。前款规定期限届满后 30 日内，双方应当亲自到婚姻登记机关申请发给离婚证；未申请的，视为撤回离婚登记申请

续表

民法典中时间问题汇总表★★★		
第1079条	诉讼离婚的法定情形	夫妻一方要求离婚的，可以由有关组织进行调解或者直接向人民法院提起离婚诉讼。人民法院审理离婚案件，应当进行调解；如果感情确已破裂，调解无效的，应当准予离婚。有下列情形之一，调解无效的，应当准予离婚：（1）重婚或者与他人同居；（2）实施家庭暴力或者虐待、遗弃家庭成员；（3）有赌博、吸毒等恶习屡教不改；（4）因感情不和分居满2年；（5）其他导致夫妻感情破裂的情形。一方被宣告失踪，另一方提起离婚诉讼的，应当准予离婚。经人民法院判决不准离婚后，双方又分居满1年，一方再次提起离婚诉讼的，应当准予离婚
第1082条	女方特殊保护	女方在怀孕期间、分娩后1年内或者终止妊娠后6个月内，男方不得提出离婚；但是，女方提出离婚或者人民法院认为确有必要受理男方离婚请求的除外
第1124条	继承和受遗赠的接受与放弃	继承开始后，继承人放弃继承的，应当在遗产处理前，以书面形式作出放弃继承的表示；没有表示的，视为接受继承。受遗赠人应当在知道受遗赠后60日内，作出接受或者放弃受遗赠的表示；到期没有表示的，视为放弃受遗赠

众合教育技术流名师作者团队

孟献贵	中国政法大学民商法博士，众合教育独家签约老师，有多年法考培训和辅导经验，对于民法学的教学与辅导具有自己独到的见解，体系化、图示化的授课方式深受广大学员欢迎。
徐光华	江西财经大学法学院教授、博士生导师，法学博士、博士后。兼任国际刑法学会中国分会理事、江西省犯罪学研究会理事、江西省经济犯罪研究中心理事、南昌市仲裁委员会仲裁员、北京中银（南昌）律师事务所律师。
李　佳	中国政法大学行政法学博士，山东大学博士后。独创法考“行政法逆向解题思维”，将复杂而抽象的行政法理论具体化、形象化、生活化，让学生轻松快乐地攻克行政法难关。
戴　鹏	毕业于清华大学法学院。授课思路清晰，善于归纳总结，将枯燥的条文转化成富有逻辑和生动的故事。授课严谨认真，深受考生欢迎，被考生誉为法考路上的“良师益友”。
左　宁	中国政法大学博士，中国人民大学博士后。高校教师，兼职律师，教学经验丰富。讲课注重实效，善于总结法条规律与口诀，提点解题思路，让考生听完会用，做题能对。
郄鹏恩	商经知授课名师。具有多年的授课经验，讲课及讲义条理清晰，重点突出，声音豁亮、感染力强。希希老师构建商经知体系堪称完美，知识表达清晰精准，深受考生欢迎。
马　峰	中国政法大学法学博士。深谙法考命题规律，注重帮助学员全面构建理论法学的知识体系，让学员在授课后能够有效的应对考查要求，授课生动形象，深入浅出，通俗易懂。
李曰龙	中国人民大学国际法学博士，专注于法律职业资格考试辅导，众合教育独家授课教师。理论功底深厚，实践经验丰富，能够准确把握命题规律，使广大学员爱上三国法，三国法得高分，其授课疏密有致，深入浅出，精巧雄浑，深受广大学员喜爱。

民　法学科组☞ 李建伟、孟献贵、李帅、李军、戴寰宇

刑　法学科组☞ 徐光华、孙自立、车润海、张宇琛、于越、邹帆

行政法学科组☞ 李佳、李年清、白亚静、黄韦博、吴鹏

民诉法学科组☞ 戴鹏、杨洋、邱振启、郭翔、包冰锋、谭一

刑诉法学科组☞ 左宁、肖沛权、温云云、董扬

商经法学科组☞ 郄鹏恩、曹新川、方涛、刘佳、汪华亮、李文涛

理论法学科组☞ 马峰、陈璐琼、郭晓飞

三国法学科组☞ 李曰龙、杨万里、李真、庚欣

图书用书分校咨询电话

Library Books Branch School Consultation Telephone

分校名称	咨询电话
北京众合	15511383383
上海众合	13661802541
广州众合	15992401274
天津众合	13752327078
济南众合	18663708655
保定众合	18101073995
唐山众合	18630507911
石家庄众合	0311-8926 5308
青岛众合	18669705081
太原众合	18835102114
沈阳众合	024-3151 6012
哈尔滨众合	17611039099
大连众合	15842658825
长春众合	18604303152
杭州众合	0571-8826 7517
南京众合	025-8479 8105
福州众合	0591-8782 1126
合肥众合	0551-6261 7728
徐州众合	18626007405
深圳众合	13632746419
南宁众合	13377183019
海口众合	15289735847
武汉众合	027-8769 0826
郑州众合	15670623227
长沙众合	13677369057
南昌众合	15079114587
西安众合	18691896468
兰州众合	18691819574
呼和浩特众合	15147157978
成都众合	15208448426
重庆众合	15825932808
贵阳众合	0851-8582 0974
昆明众合	18687506473
银川众合	18709605353
乌鲁木齐众合	18999939621
华东市场拓展部	13851436246
加盟事业部	13701200741